运用本书中的理论和实践，可以解答每一位正在为育儿烦恼的父母的诸多疑难问题。

如何让孩子正确面对失败
是教育中至关重要的课题

杨毅宏 编著

把孩子培养成不怕失败的人

上海教育出版社
SHANGHAI EDUCATIONAL
PUBLISHING

运用本书中的理论和实践，将您的孩子培养成一个性格坚韧、意志顽强、具有自制力和自我思考能力的人

目录 contents

第二章　成为让孩子不怕失败的家长

第三章　帮孩子建立不怕失败的规则

前　言

孩子的成长经常是超乎家长的想象的，他们会抓住一切机会探索外面的世界，也会花很多时间沉浸在自己的内心世界中。当孩子们对生命、生活、个体的规划都有了自己的想法和认知之后，他们的思考就会变得有延展性，他们会有规划，也会有反思。因为孩子有了自己的思考和自我的认知，所以面对失败的时候，他们也有了自己的逻辑判断——觉得自己能行，或觉得自己不行。

当失败发生的时候，他们并不能通过诸如“加油，你一定行的”这样的鸡汤话语来获得能量，因为他们自己的负面感受影响着他们的判断，他们自己的思考给了他们结论。失败所带来的压力可能会长期存在于孩子们的脑海之中，有些甚至会在家长发现之前变得根深蒂固。

而站在家长的角度，面对孩子的消极情绪，难免会觉得孩子想太多却行动力不足；以偏概全，而且对结果的预期和目标的设定都带有负面假设；对自我的认知不充分，归属感不强；缺乏上进心，没有长远规划。

现如今，家长和孩子都生活在不断比较和被比较的环境中。高度竞争的趋势和极度发达的资讯，给家长造成了不小的育儿焦虑，也给孩子造成了不小的竞争压力。如何把孩子

培养成不怕失败的人？从小处说，是不怕学业的失败，是不怕未来事业的挫折；往大处说，是不怕人生的失败，把孩子培养成具有幸福感的人。这些正是本书想要探讨的主题。

孩子的成长道路漫长，会有很多的十字路口，家长和孩子都需要作出一个又一个的选择。如果每个路口都有红绿灯，那么失败就像是黄灯，基于家庭的选择，黄灯可能翻转为红灯，让我们不得不停下脚步；也可能转为绿灯，支持我们继续前行。

孩子在成长中遇到的很多问题，都需要家长的接纳、理解和支持。同时，我们也呼吁，如果孩子已经产生了明显的情绪和心理问题，要及时寻求专业帮助，切勿做粗心大意的家长。

要把孩子培养成不怕失败的人，需要建立诸多规则并落实到行动中去，而归根结底，家长需要给孩子一个积极的家文化。

每一位家长都可以写下自己养育孩子的若干期许：

我希望孩子能够用探索的态度去学习，用看到问题本质的方式去思考；

我希望孩子能够做一个热爱生活、热爱运动的人；

我希望孩子成为一个乐观积极的人，凡事尽最大的努力，也接受最坏的结果；

我希望孩子能够做一个懂得如何表达自己，并且勇于表达的人；

我希望孩子能够做一个乐于和家人、朋友分享心情的人；

我希望孩子做一个视野开阔、心胸宽广的人……

家长将孩子带到这个世上，自然而然地会有很多的期许，

正因为有这些期许,家长会自发地去完善自己的教养方式,成就更好的孩子,也成就更好的自己。在养育孩子的道路上,无论经历多少的成败,每位家长最需要给孩子的,就是一份温暖包容的家庭氛围和有底线但是无条件的爱。在此,用本书最后一段话与家长共勉:

孩子,我会给你设置目标,提出要求,制定行为的底线,并不断敦促你成为更优秀的人。但是无论你是成功,还是失败;无论你是出色,还是平庸——我都会永远爱你,永远陪伴你,永远与你共同面对生活中的所有美好或苦难。

第一章

人生总会
面对失败，
或早或晚

DI YI ZHANG

剧场效应促使家长追求育儿成功的确定性

美国西北大学经济学教授马赛厄斯·德普克和美国耶鲁大学经济学教授法布里奇奥·齐利博蒂在他们合著的《爱、金钱和孩子》一书中告诉我们，育儿焦虑已经是一个全球化现象。在许多我们所熟知的国家，都存在着高度的育儿竞争。

这一点在我国，当然更不可能例外。连续低生育率的情况下，大量的家庭都是倒金字塔的结构，祖父母、外祖父母、父母，集体围着家中的小宝贝转。在这样一场育儿的消耗战中，剧场效应变得越来越明显。

什么是剧场效应呢？比如我们大家都在一个剧场里，每个人都有座位都能看到演出。然而这时，有一个观众站了起来，其他的观众为了看清楚演出，也不得不站了起来。最后全场的观众都从坐着看变成了站着看。

先站起来的人在短时间内看得更清楚了，但等到大家都站起来了，所有人看的效果和原来几乎相同。只是，所有人都变成了站着看演出，所有人都变得更累了。

即使如此，也不会有任何人选择坐下来看，因为此时选择坐下来，就意味着什么也看不到。

这样白热化的竞争态势下，家长们在育儿的过程中，追求“确定性”变成了首要目标。

尽管当家长的都会说“失败乃是成功之母”这样的话，但是在焦虑感的驱使下，失败的代价并不是每个家庭都能够承受的，因为失败可能会意味着在某几个关键时点，自己的孩子会被远远地抛在队伍的后面。

在我国的大城市，竞争更是被前置到了幼儿的阶段。原理就是，进入确定性高的好幼儿园，就能进入确定性高的优质小学，从而踏入更为关键的优质初中。而一流的高中则几乎被这些优质的初中承包了，一流的大学则又被一流的高中承包了。根据这样的逻辑关系反推回来，能否进入一个好的幼儿园、小学成了问题的关键。如今，在实施各项深化教育教学改革的政策之后，前置竞争的情况会有所好转，但家长们追求育儿确定性的目标很难改变，因为家长们永远希望给孩子提供更优越的教育资源，让孩子走在通往成功的康庄大道上。

追求育儿成果的“确定性”，隐含的逻辑就是帮助孩子“避免失败”。

我国经过了几十年的飞速发展，现在很多家长都已经受到过较为充分的基础教育，有无数的人生体验和社会阅历以及个人见解可以传授给自己的孩子。再加上育儿资讯的爆发，各种教育辅助机构的蓬勃发展，家长有太多的直接或间

接的方式去告诉孩子：这样做就能成功，不这样做就会失败。

我有一个朋友，给她儿子定下了10岁之前必须过钢琴十级的目标，理由是，三四年级之后就没有时间练琴了，所以必须在10岁之前完成必要的艺术修养类学习的考级。至于10岁以后到底还是不是将音乐作为自己的爱好，是不是让艺术爱好去陪伴孩子的人生旅程，这些都不重要。如果不能在学业更为繁忙之前，完成这个小目标，以备未来申请学校所用，那么这些年的音乐学习就可以被判定为失败。

如今的孩子多才多艺的程度让新手家长常常叹为观止。音乐需要会一到两样乐器，运动必须有一技之长，舞蹈需要有所涉猎，美术需要拿得出像样的作品，而更为重中之重的当然是语、数、英等主修科目。

有一个广为流传的段子，有家长在知识问答平台上提问：4岁的孩子具备英语1 500个的词汇量，冲击幼升小是否足够？被选出的“最佳回答”是：在美国应该是够的，在北京市海淀区就不一定了。

家长们为了让孩子“避免失败”，所使的力还不仅仅是体现在德、智、体、美、劳的全面发展上面，更是体现在了家校沟通的渠道越来越顺畅这个现实情况中。随着网络沟通越来越便捷，现在的家长对学校的讯息的掌握也越来越实时和密集，从而更为直接地了解到孩子在学校的成与败，时时刻刻都能够给孩子“施以援手”。

孩子们从家长这里获得的支持和帮助如此“给力”，那么

他们何时才能有机会真正体会到失败的感受呢？一个孩子成长过程中的挫败感仅仅和学业有关吗？还是伴随着他生活的方方面面呢？

平时和很多的家长交流育儿心得，他们小时候的回忆与我一样，充满着诸如玩泥巴、打弹珠之类的游戏，或是露天电影这样的群体活动。他们都是现今社会常规意义上的精英，在当时的社会环境下“野蛮生长”，都觉得10岁之前孩子所学的内容大多实属“不能证实效果，却也不能证伪”。尽管我们都认为小时候懵懂的状态让后来的我们都走过一些弯路，遭遇过一些失败，但这些失败却对我们的成长大有裨益。

然而基于剧场效应，我们这些秉持着“散养”精神的家长现在也都不同程度地投入到了“鸡娃”的浪潮中，或主动或被动地为孩子排满了课外班。

我的孩子人生中做过的第一个“官儿”是秋游时的小组长，他很兴奋地跟我诉说，只有表现很好的孩子，才能开学不久就被指定为组长。他问我印象中做过的第一个“官儿”是什么。

我说我印象最深的是，一年级下学期刚随着知青家长回到上海时，因为字写得不错，很快被“封”为了小组长，负责收作业。但因为不懂得上海收作业时将作业本有序分插在当日作业起始页的规矩，把小组成员作业本搞得乱糟糟，当天就遭到了投诉，下午放学时就被降职成了副组长。

孩子听得咯咯直笑，我也惊讶地发现，能够记得那么清晰的事情，或许当时的我是有过挫败感的。然而当时的家长多

半不会出面干预，来帮助孩子“免遭失败”。

保护孩子免遭失败是家长的职责吗？对家长来说，能够让孩子在学校的表演活动上露个脸施展所长，或是作品在展览会上获得认可，能够让孩子进入他们心目中更好的学校，当然都是非常值得夸耀的成功。

反之，如果孩子经常丢三落四，没法完成学校交代的事情，使得家长反复被老师提醒，或者总是从书包里面拿出皱巴巴的低分试卷、未通过的练习题，让家长签名，家长当然也会失望沮丧甚至勃然大怒，判定孩子在某些事情上的失败。

尤其对于低年级的孩子来说，失败不一定是成功之母，但家长的参与却很有可能是暂时成功的保障要素。如果家长勤奋一些，多多耳提面命，或是有能力的家长能够参与到更多的学校活动中去，孩子能够获得的表现机会也会增多。这就是为什么每每到了学生干部竞选的时候，各路家长会拿出十八般武艺助选，恨不能将这些年的生活经验、社会规则倾囊相授。

有家长为自己出谋划策、未雨绸缪、运筹帷幄的低龄孩子，也许难有机会体验到失败感，因为跟从家长的策略与步伐，一切就会顺顺当当。

但人生真的能够永远这样顺利吗？

小学的优等生，进入了优良的中学，在更大的竞争中，要成为中学的优等生，难度就会大得多。但这还不算什么，真的在家长羽翼下得以出师的话，进入了一流的大学，面临的竞争

则会更激烈，这个时候要继续成为优等生就难上加难。然而比起走上社会之后将遭遇的困难，学生时代的所有不顺利都有可能变得不值一提。

谁能保证自己能仅仅依靠着“照家长的话去做”就一路顺利完满地走过人生路呢？

更何况，随着孩子年龄的增长，他将遭受的潜在的失败的打击将会是全方位的。**基础教育阶段的学习是可以追求确定性的，是有标准答案可循的，但生活却不是。随着年龄的增长，青春期的人际关系也会变得越来越复杂；随着走入社会，生活中的一切都变得没有标准答案，充满了并不是非黑即白的灰色地带。**

从不知失败滋味的孩子真的能适应这些吗？过往的成功如果来得莫名其妙，那失败也就会来得毫无征兆。因为孩子从来没有真正弄明白自己为什么会成功，虽然那些家长所提供的机会给了孩子很多锻炼，但是却没有给孩子失败的体验。

失败的体验，或早或晚总会来临，如果孩子已经失去了面对失败、承担结果的能力，迟到的失败或许会带来更大的伤害。全盘否定失败后的自己，讨厌无法交付完美成果的自己，讨厌不能掌控结果的局面，这些都是极大地影响孩子心理健康和人生幸福感的重大问题。

这个世界上有天生消极的孩子，有焦虑感较重并且容易慌张的孩子，当然也有很小的时候就表现得积极向上、情绪稳定的孩子。不同的孩子对家长来说有不同的困扰，相同的是，家长都希望能够把自己的孩子培养成不怕失败的人。

消极的孩子对失败的感知更为敏感和片面

经常有家长抱怨,自己的孩子好像天生没有上进心,得过且过。如果家长交代任务给孩子,孩子不会拒绝或抵触,只是会完成得马马虎虎走走过场。这种消极类型的孩子,有部分表现出很懂得自我安慰,擅长自己消解烦恼,他们需要的是培养兴趣,建立信心和信念感;但另外一部分消极的孩子则经常进行自我否定,表现出灰心丧气的挫败感。

这些孩子就像头脑里面有一个声音一直在说:如果出错了会怎样?如果搞砸了会怎样?如果失败了我会怎样?这些消极思维最终会转变为一个结论:这样做是没有意义的,我要放弃了。

20世纪80年代,美国宾夕法尼亚大学的马丁·塞利格曼博士讲过这种孩子们对事件消极的诠释风格,用了三个P打头的单词去定义:

Permanent 永久的,即这种自我否定和回避失败的感受很容易变得长期和持续;

Pervasive 普遍化的,也就某个领域的失败可能会辐射到

所有事情，产生彻底的挫败感；

Personal **人格化的**，一件事情的失败会最终被诠释为“我是一个失败的人”，从而将自己钉在了失败者的位置上。

塞利格曼博士还发现，这种诠释风格如果不能及时干预，在孩子的心中就可能变得根深蒂固，孩子可能会在学习、生活，乃至未来工作的更广泛的领域去应用这种解释，最终成为一种自发的无法转变的逻辑习惯。

美国著名的心理学博士塔玛·琼斯基博士在其著作《弹性思考力》中总结了若干种有典型消极思维的孩子：

路过者。大部分时间很快乐，但偶尔会慌张的孩子。这些孩子整体来说平时表现得机灵又活泼，但是生活中一个不大不小的转变发生，就可能让他们晕头转向，感觉到无法应对。但一般而言，只要家长给予适当的协助，这样的孩子就能够跳过和移除这种情绪，帮助自己渡过难关。

消极倾向者。这样的孩子受消极情绪的影响更为持久，他们会将这样的情绪反馈到生活中的很多琐事中去：这样的早餐我不要吃，太恶心了；我讨厌和他们做朋友；为什么你们总让我做这个做那个。这样的孩子很容易被激怒，当面对更大的挑战时，就会很难承载压力。

焦虑又消极的孩子。他们会屈服于消极思维，预想伤害和失败的发生，并且作为孩子无法合适地表达和判断自己的焦虑，最终当他们筋疲力尽，就会转变为对安排自己生活的能力的绝望和放弃。

不定时的炸弹和内爆型的孩子。他们会将自己的消极

情绪用激烈的方法诠释出来，会怪罪于人。平时在自己没有安全感的地方，他们可能会力图保持镇静，但只要回到家或是其他具备安全感的地方，就会一下子爆发出极大的情绪。

还有一种极易产生消极情绪的追求完美主义类型的孩子我们会在下一节探讨。

消极的孩子对失败的感知会出现过于敏感和认知片面的问题。首先**作为孩子，对问题的判断能力是不足的，很轻易地就会在心里将很小的问题扩大为一个很大的事件**。其次孩子的天性千差万别，孩子所处的环境也各有不同，对于天性比较消极的孩子，面对消极的事件，如果没有得到及时的干预，或学习和生活中产生了更为消极的因素，孩子就会把消极事件片面地延展至学习和生活的方方面面，产生自我否定的认知。

在消极的自我认知形成的过程中，或许有过一些端倪让家长捕捉到一些蛛丝马迹，但是却很容易忽略掉。经常家长会面对孩子的一些抱怨表现得非常轻描淡写：这没什么啊，大家都是这样过来的！或是表现出另外一种极端，抓住孩子的缺点严加指责：早就跟你说过，这样是不行的！

当这种认知已经形成了之后，家长再出手去转变这种认知就要困难得多。而事实上，通常幼龄的儿童是缺乏充分而又准确地表达这种认知倾向的能力的，而青少年则已经不愿意去表达这样的认知，他们会通过其他叛逆的行为去表现出和世界的对抗。

朋友的亲戚家小孩13岁时，母亲很忙，陪伴不多。正逢初中生追星热，孩子的妈妈在演出会展方面有一些人脉，于是孩子承诺为同学代为购买某个明星的演唱会门票，孩子以为妈妈答应了，就向同学们收取了票务费用，却没有交给妈妈，而是挪为他用了。

等演唱会即将举办的前几天，才沟通得知自己的妈妈并未给他买来门票。孩子心里很担心，觉得无法面对同学们的期待，装病不去上学。直到演唱会已经结束了，同学们的家长都知晓了此事，通过老师联系到了他的家长，他的妈妈才得知整件事的来龙去脉。虽然孩子妈妈立即退还了所有预收的款项，但是孩子却无论如何不肯再去这所学校上学，把事情搞成一团糟的挫败感交织着丢了面子的羞耻感，短短的时间里面，使得孩子失去了对自己的认同，彻底陷入了消极情绪之中。

类似于这样的情况在青春期的孩子身上并不罕见，有些孩子身上发生了导致明显转变的里程碑事件，有些孩子则并没有表现出受重大事件的影响，而是通过点点滴滴的小事，综合在一起使得孩子爆发挫败感和消极感，将自己归入失败者的队列之中。

作为家长，防范这样的情况，尽早干预这样的情况，在孩子低龄时比较容易受正面影响的时候，就制定出避免类似情况发生的规则，并将这种规则渗透在家庭生活的方方面面之中，是非常有必要的。

不服输的孩子可能最怕输

有一种让很多家长都喜爱和羡慕的“别人家的孩子”，天生好强，不服输，总是能够遇强则强地参与竞争，并在竞争中稳步成长。

通常来说这就是让家长们梦寐以求的所谓“牛娃”。他们的家长对孩子的学习不需要过于操心，小小的资源的投入便可以获得大大的回报。在现在激烈的育儿竞争的态势下，这样的家长无疑让其他家长非常羡慕。

然而要警惕的是，这些不服输的孩子中，一部分是真正天赋突出并情绪稳定的早慧儿童，但还有一部分是隐藏在牛娃中的有完美主义倾向的孩子。举个例子来说，前一部分的孩子如果做事做到了80%，基于有更强的孩子能做到90%，那么他就会努力去补足自己，争取比90%表现得更好。而另一部分的孩子，则是对心中100%的标杆有种执拗的追求。在幼童时，这样的100%比较容易做到，随着年龄的增长，所谓的“完美”表现就会越来越难以企及。

如前文提到的那样，这样具备完美主义倾向的孩子实质上在塔玛·琼斯基博士的著作中是被归为消极思维的孩子的

队列中的，被定义为高压锅式的完美主义者。这解释了为什么有些小时候看上去不服输、好强的孩子，后来变得特别怕输，甚至可能会焦虑易怒。

具有完美主义倾向的孩子更容易感受到失败，因为相较于失败，完美的成功出现的概率会越来越低，他们会对这样的失败感觉到失望和恼火，而这种压力让孩子的情绪很难得到宣泄和调整。

不止一次有家长和我探讨育儿过程中发现的孩子的一些完美主义倾向。

比如说，看上去非常安静羞怯的孩子，平时无论家长如何鼓励，都不愿意去做一些新的尝试，而究其原因可能仅仅是因为对孩子来说，新的尝试让他们感觉到没有把握。而当这样的孩子在家长的百般诱导之下，不得不去完成一些任务的时候，则会表现出对结果强烈的执拗，并且会情绪化地表达出来。

曾经看到过低年级的孩子因为在机构的模考中认为自己表现得不够好，出了教室之后在培训机构门前和她妈妈大哭大闹了足有半小时，反复大哭着说：我觉得自己发挥得不够好，肯定是不够好。而她妈妈劝说她的诸如“没关系，下次好好发挥就行了”这样的言语完全无法说服自己的孩子，孩子顽固地沉浸在自己追求完美、不服输的情绪之中。

我的孩子也有过因为一件小小的事情没有达到自己的期望值，而一边流着泪一边跺脚的行为。起初我也很烦躁，忍不

住跟他说：事情做不好就算了，能不能别表现出这样犯傻的动作和行为？或是：事情做不好，努力做好就行了，又是哭又是跺脚的，你这是不是错上加错？

很明显，这样的言语说服不了他。好在他并不是非常执拗的孩子，幼童时期很容易就转移自己的注意力，注意力转移了也就翻篇了。

后来再遇到这样的状况，我常常会跟他就事论事地进行乐观的讨论：

这样还不够好吗？我小时候可做不到，难怪人人都说现在的孩子就是厉害呢。

或者会提供给他有据可查的数据，比如说：小孩子要在9—10岁才能有较好的手腕控制力度，你现在字写不好，或者画画的时候没能控制好涂色的力度太正常不过了。如果你现在就控制好了不就成了非正常人类了？那也有点可怕啊。

于是话题就扯到了看过的科幻片或者充满幻想的绘本故事上去了。通过这种平和、理性的表述问题的方式，或是乐观派的转移问题的方式，可以看到孩子的情绪得到明显的缓解。

追求完美主义是非常辛苦的一件事情，按塔玛·琼斯基博士所总结的那样：完美主义者就是在保证自己每一天都不会开心。世事无常，随着年龄的增长，孩子们面对复杂的世界，几乎所有事情都是无法做到完全掌控的，各种大大小小的挫败可能每天都在发生，即使一分一秒都不懈怠也无法掌控全部的结果。无法达到预期，是一件持续消弭追求完美主义的孩子的生活热情的心理状态。

对于事件结果的极度挑剔，对孩子的人际关系也是莫大的挑战。孩子的同学，一个非常漂亮的小女孩，因为在学校发言出现了失误，惹得同学们哄堂大笑。同学们没有恶意，而且通常当场笑笑很快就会抛到脑后，但小女孩却感觉到很不开心，还和熟悉的几个同学发了脾气。其实小女孩也毫无恶意，她只是对自己的错误耿耿于怀，却在自我斗争和发脾气的过程中，对人对己都造成了很大的压力。

追求完美主义的孩子会认为出现错误是一种冒险，他们并不想面对，于是造成了想要逃避学习，逃避做任何事情的心态和行为。到后来，一开始看上去最不服输的孩子会变得输得最彻底。

孩子在不良行为中隐藏着的挫败感

如果孩子仅仅是学业成绩不好，很多家长未必就将孩子归为失败者，或者判定自己育儿失败，因为大多数家长最基本的要求是希望自己的孩子能够成为身心健康、足以适应社会的人，而学业成绩只是培育孩子成功的某一项非绝对必要的因素。

但是如果孩子出现了种种不良行为，则家长会感受到极大的焦虑和担忧，而且对很多家长来说，当发现这些行为的时候，孩子已经过了最佳的管教时期，叛逆期的孩子本就“不可理喻”，再加上一些不良行为简直可以说是雪上加霜。

然而孩子的种种不良行为的成因多半都是有着清楚的内在逻辑和诉求的，这些行为之中通常都隐藏着一些不同动因的挫败感。

在孩子很小的时候，就会因为挫败感而表现出一些无伤大雅的小状况，如果家长很好地处理和应对了这样的状况，就会在孩子早期就抚平这些挫败感。

比如说，孩子爱告状的部分原因可能源于得不到充分关

注的一种挫败感。“佳佳刚才推了我”,“昊昊刚才把水瓶打翻了”,“欣欣没有按照你们刚才说的那样去玩玩具,她不遵守规则”……应对这样的告状或被告状,几乎是每位家长的必修课。

一方面,因为幼童刚刚建立起来规则感,打破规则让孩子们感觉到疑惑,所以希望寻求家长的正确反馈;另一方面,这样的告状更经常地出现在群体活动中,家长们在一边聚会无暇关注到自己的孩子,或者老师管理着整个班级不可能关注到每个孩子。遵守规则的孩子会认为,为什么我很乖却没有得到关注,而不乖的孩子反而被家长和老师经常关注到呢?自己对于“好坏”和“对错”的评判没有得到充分的正面反馈,因此产生的挫败感促使孩子们频频告状。

再比如,孩子很小开始就会有嫉妒心,为什么你有玩具我没有,为什么爸爸妈妈带你去玩不带我去,为什么老师哄着你却没有哄我。有些孩子还会表现出报复心,你抢了我妈妈的关注,我偷偷挥一拳;你不满足我的要求,我讨厌你推你一下。孩子的嫉妒心、报复心都隐藏着求而不得的挫败感,其实是自我意识觉醒的一种表现。他们开始意识到自己在社会中是有位置、有归属感和情感纽带的,而如果这种归属感被干扰,他们就会表现出小小的挫败感,从而表达自己的情绪。

这些都是孩子在很小的时候,表现出的小小的叛逆,无伤大雅也通常很快会过去。家长和老师的引导也非常重要,给予孩子爱和陪伴、信任和认可,理解孩子的感受,并且温和又坚定地贯彻措施,那么孩子在很小的时候就会对挫败感产生更为积极的应对心理。

对家长来说，更大的挑战是面对青少年的不良行为，此时他们不再仅仅是言语上的执拗或是挥着小粉拳表达一下情绪，他们会做出很多极为挑战家长耐心、让家长焦虑又伤心的举动。

先来聊一下为什么有些青少年会在学校拉帮结派，搞小团体，为什么校园霸凌总是反复出现？

青少年恰处于似懂非懂的年纪，他们在行为能力上已经是一个独立的个体，但因为他们还没有能力去充分了解和接触这个社会，更谈不上对社会、学校和自己的生活具备有逻辑、有条理的分析能力，因此他们普遍缺乏安全感。如果这种安全感的缺乏伴随着目标感、信念感的缺失，就会产生很大的挫败感。

此时拉帮结派能够给他们带来更为确定性的安全感，仿佛这样能够使得自己具备一种自我保护的能力。而且往往因为好学生在学校之中能够获得更高的关注度，所以拉帮结派的现象更容易产生在那些学业成绩不出众、家庭关系不稳定的学生身上。

青少年正值寻求自我主导和自我控制的年龄，学习或者生活上其他方面的失败，会让孩子有一种无力抵抗社会的价值丧失感，此时结成小团队能够让孩子感觉到自己变得更强大了，从而获得很大的满足感。甚至他们会通过校园暴力去加强这种满足感，通过耀武扬威来体现个人存在感，来抵抗自己在学习和生活上的挫败感。

我们在处理一些儿童行为分析的案例中发现，有些孩子先是家庭出现了一些问题，然后学业成绩开始下降，继而成为

参与校园暴力的成员。而被暴力欺凌的对象可能恰恰也是同样在学习、家庭等方面有所不足的孩子。相似的背景并没有让他们互相同情和理解，反而因为性格不同或环境的差异，使得他们成为了校园霸凌和被霸凌的施受双方，前者因挫败感而想要建立自己的“地盘”和个人的“优势”，后者因挫败感而变得自卑，甚至失去了为自己“伸张正义”的能力。

再来聊另外一个普遍存在的现象，就是青少年热爱追星。适度的追星，寻找优质的偶像本是一件好事，也是这个年龄段的孩子普遍经历的一段心理历程。青春期的孩子有着很大的心理波动，却并不见得愿意和家人分享，如果有明星能够在作品中反映出他们的心声，就会被孩子当作知己和偶像。或者孩子把喜欢的明星当作自己向往成功的样板，也就是寻找“理想中的自己”。这样的追星都是健康的。

但还有一种是疯狂的追星，以至于放弃了自己的正常生活，病态地试图融入到偶像的生活中去，而这通常是因为孩子在自我价值感方面的缺失。

有些孩子是因为家里溺爱，但是却并没有在社会中找到基本的认同感，等于是“别人眼中的我”和“我自己眼中的我”有巨大的差距，造成了孩子在学校里、社会中找不到正确的自我定位，于是将这种挫败感转变为通过疯狂的追星来体现自我的价值。

另一种孩子是因为家庭条件优渥却又疏于管教，孩子不愁吃穿没有生活压力，但又没有一技之长，没有目标更没有为了目标去努力的信念感，于是同样将这种社会定位的焦虑转

化为疯狂追星的举动，就像在反抗自己失败的没有价值的人生。

还有一个困扰不少家长的现象是：大量的孩子在进入青春期前后，开始频繁地撒谎。深究撒谎的原因，无非要么是为了“趋利”，要么是“为了避害”。通过撒谎短暂赢回面子，得到他人的认同和心理满足感；通过撒谎得以逃避家长的责备，从而回避失败的存在。

就像前文提到的朋友家亲戚的孩子那样，原本只是想在同学面前显摆一下自己的妈妈可以帮助大家搞定演唱会门票，通过炫耀一下自己的家庭情况来获得心理满足感，最后谎言圆不住了，选择了逃学来回避巨大的心理压力，最终以自暴自弃的方式来抵御自己无法承担的失败。如果处理不当，即使后面孩子转学再次回归校园，这样一次消极抵抗失败的经历可能会转变为孩子对自己的彻底否定，形成自卑感，从此不愿意接受挑战，减少跟人们的交往，以至于低估自己的能力并且无法客观地评价自己。

凡此种种不良行为，根源上和孩子们的挫败感都密不可分，因此帮助孩子有效地面对失败、处理失败是我们家长的必修课。

相同的失败往往容易反复出现

孩子往往很容易反复出现同样的错误，往小了说，三番五次地掉东西，经常不能守约，把东西弄得乱七八糟、不提醒就不收拾，做题目总是漏题、错行；往大了说，上课反复走神，控制不好脾气总是恶语伤人乃至动手打人，更糟糕的则是习惯性的撒谎以及产生其他的不良行为。

家长提醒了一次两次还能保持宽容和温和，三次五次就难免会失去耐心：孩子真的有反省自己的行为吗？为什么总是把我们的话当作耳边风？

如果温和的提醒不能起效，甚至可能导致孩子对这样的提醒感到疲乏，从而彻底失效，那么家长就会采用暴力一些的方式，比如更严重的指责以及各种惩罚。

我见过许多家庭都有这样的一个循环。先是还比较温和地反复提醒孩子一件事：不要漏题，不要跳行，做题目必须要细心。然而孩子依然时不时出现这样的错误，即使是瞪着圆圆的眼睛露出小鹿般惊恐的小眼神，满脸可爱地道歉，回转身去过几天还是像整件事没有发生过一样，再次重复同样的

错误。

于是家长的耐心所剩无几，告诉孩子：如果你再粗心一次，我就周末扣掉你一小时的活动时间，你这个星期再错几次那么周末就不用想着玩儿了。孩子的确变得警醒了一些，但好景不长，过几周再次旧态复萌。

此时有些家长就彻底急躁了，开始言语攻击甚至体罚。那么如果在此之后孩子依然没有改善呢？此时家长已经出尽了手上的牌，最终的结果演变为家长的失望和孩子的无所谓或挫败感。一方觉得“这孩子确实不行”，另一方觉得“看来我是有点笨”。并且家长出动各种“武器”仍然无能为力，也是对家长的权威的一次损耗。

实际上，**孩子反复出现同样的错误，最主要还是落在两个原因上面：一是没有能力并且没有方法在短期内为自己解决问题；二是不需要承担责任，因此也从未感觉到困扰。**

其实我们大人不是同样如此吗？想治好自己的拖延症，却依然习惯性地拖拖拉拉；想学一些有意义的事情，却还是把更多空闲时间随意消磨掉了；家中老人经常提醒自己要注意身体，要运动要养生，但如果不是照镜子的时候，镜中的形象已经让自己感到困扰和不安，或是病痛已经来折磨自己了，就很难对自己承担起充分的责任。

学习也好，自律自控也好，本身就是逆人性的，对大多数普通人来说，都很困难，所以需要方法，需要动力，需要承担责任。

因此，家长还是要去帮助孩子寻求解决或至少是改善问

题的方法，而且要帮助孩子去寻找符合他们年龄实际能力的方法。

如果总是掉东西，那么可否在门上贴一张出门的检查清单，让孩子自己打勾确认。如果总是错行漏题，那么是不是做一张漏题统计表，把零零总总失去的分数都统计一下，并且如果再发生就会继续更新这张表格。

我的孩子也经常忘记我交代他的各项任务，后来家里张贴了一张大大的每日计划表之后，情况得到了很大的改善。他对自己的计划表有归属感，而且有掌控感，所以会主动每天放学看一眼计划表，每晚睡觉前擦掉所有完成的任务，尽量弥补来不及完成的任务，还会在自我评价的空格里面给自己打星星评级。交给他方法等于也转移了责任，这根指挥棒交到了他自己的手中，要让他因自己未完成的任务而感到困扰，动力和责任感也就培养了起来。

否则的话，忘了东西家长会送来，没有完成作业也只需要扎在学生堆里混过老师的怒火，如果所有错误的承担者都是旁人，都是别人的困扰而不是自己的，孩子本身并不觉得困惑也不觉得抱歉，那么在责备和惩罚之下反省多少次都是无效的。

在孩子幼儿园阶段，或许弄坏过朋友的玩具，打碎过家里的器皿，家长会要求孩子立即道歉。有些孩子非常擅长说“对不起”，被责备了会非常主动地哭着道歉。有些孩子会扭捏或拒绝，只有在高度强压下才肯说。但不管哪一种情况下，孩子都有可能并不真正知道自己错在哪里，他们没有真实地感受

到抱歉,只是希望家长或老师能够不再生气而已。

如果孩子实在幼小,可以温和又坚定地跟他说要求,可以换个身份尝试让他理解并产生同理心。比如孩子喜欢公主,可以说小公主会怎么做;如果孩子喜欢动漫英雄,可以告诉他小英雄人物会如何处理。

如果孩子略大一些,具备充分的理解能力,可以在家庭会议上,让孩子阐述一下打算如何处理,以及如何避免将来再次发生这样的问题。

如果孩子已经充分融入了集体,那么可以从集体的角度去引导孩子思考如何承担责任。考试成绩不佳可能只是自己的事情,但是如果弄坏了别人的东西,就需要承担责任。影响了班级的教学进度、小组的整体成绩,会让孩子感受到压力,从而去主动承担这个责任。

培养孩子的责任感是十分重要的,而不只是让孩子说一句抱歉。不仅是孩子,即使成人,也会有做错了事认为自己只需要说抱歉就可以的人:我都道歉了你还要怎样?我都道歉了你居然还不原谅我吗?这样带有巨婴思维的逻辑,往往和幼儿期养成的习惯有关。

在后文中我们也会提到,还是要用同理心反复培养孩子的责任感,更快培养起孩子承担结果的能力,成为不怕失败的人。

培养孩子的“抗逆力”

抗逆力，是指当个人面对逆境时能够理性地做出有建设性的、正向的选择和处理方法。这样的挫折抵抗能力在心理学上也可以被称为“心理弹性”。弹性本身是指物理上物体受到另一物体压迫时的恢复能力，而当我们说心理弹性的时候，是指一个人处于困难、挫折、失败等逆境时的心理协调和适应能力。

美国心理学学者理查德森·詹森博士在1990年出版的《抗逆力模型》(*The Resilience Model*)中阐述了个体产生抗逆力和哪些因素有关，并提出了几个重要的研究结论。

首先，**抗逆力是激发的结果。抗逆力就像一个人自带的一种潜力，顺境时不会得到激发，隐藏在人格中如同宝藏，但是逆境来临时，就会爆发出巨大的能量去帮助个体抵御困境。**

这就是像我们平时说的那样，不遇到点事情永远不知道自己的承受力到底在哪里。

有些孩子看上去从小什么苦也没吃过，在家人的爱和关怀下长大，学业表现无功无过，也没什么特别的建树，但是走上社会之后，遇到困境时却可以表现出很大的韧性。

还有些孩子从小在严厉和高度控制的环境下长大，品学兼优始终受到学校和老师的一致赞美，但是却在走上社会之后，遇到逆境就被打垮从此一蹶不振。

我的一位大学师兄，大学三年级之前是学校的风云人物，即将成为学生会委员的时候，被指证在选举时有不合规的拉票行为，失去了学生会的任命。他销声匿迹几个月后再出现时整个人消瘦了很多，自称这些天十分消沉。走出校园之后他换过几份工作，谈不上如何失败，但也一直磕磕绊绊不是十分顺利。这么多年过去了，谈到过去，他依然说当年的事情对他打击很大。我们可以理解他的感受，但当年他和他的竞选伙伴们并未受到实质性的惩罚，那时与他一起受到牵连的同学们后来在新的人生舞台上各有各的选择和作为，早已淡忘了此事，他却始终耿耿于怀。

所以，当人们面对逆境的打击之后，会产生哪些不同的后果呢？

理查德森博士归纳了四种情况。

第一种人会出现功能失调，就像青少年产生了不良行为；

第二种人则产生了自我价值感的丧失，变得自卑、自我否定，并导致能力的缺失；

第三种人则可以重新找到平衡，使自己进入一种新的稳定状态，或许会无欲无求缺少目标感，但也能安宁舒适与世无争，达到自己内心的一个新的平衡；

第四种人会通过逆境重构自己的抗逆力，激发了抗逆力的潜能，变得能够更加积极地面对生活，提高了胜任各项事情

的能力。这当然是四种情况中最佳的一种。

同样遭受了逆境的打击，每个人受到的影响和反馈却如此不同。抵抗逆境的能力就像沉船宝藏一般，在孩子幼小的时候，由家人通过自己的言传身教、爱与关怀将这些宝藏深埋在孩子的人格构建之中，并在未来的某个时候发挥出无限的潜能。

这也就是理查德森博士提到有关抗逆力的另一个重要结论：**家长可以去培养和增强孩子的抗逆力的保护因素，当外界压力来临时，如果一个人具备足够的保护因素，例如自我平衡的能力和自我调整的能力，那么保护因素就会启动并激发人的抗逆力。**

那么这些保护因素包括哪些呢？目前比较常用的抗逆力的培养主要包括三个要素：我有(I have)，我是(I am)和我能(I can)。

我有(I have)是一种外部支持因素，是指孩子所生活的环境中的每一个与之发生交互影响的人，都能够帮助或增强孩子的抗逆力，这些就构成了抗逆力的外部支持因素。具体包括孩子所处的环境有没有清晰的、被坚定实施的规范，有没有对孩子形成关怀和支持，是否能够帮助孩子建立积极合理的期望，是否能够促进孩子参与到有意义的活动之中。

我是(I am)是一种内在优势因素，具体包括一个人有没有良好的个人形象，能不能很好地了解自己、接受自己，有没有充分的自尊感和自信感。幼小的孩子还没有形成自我评价体系，是如同照镜子一般从其他人的眼中来获得自我形象的反馈的。孩子有了足够的自我价值感和自我认同感，才能乐观积极地去面对未来生活中的任何困难。

我能(I can)是一种效能因素，包括孩子的人际技巧、解决问题的能力、情绪管理的能力以及目标感等。在“我有”和“我是”的基础上，才能让孩子去习得各项能力，从而奠定未来社会生活的能力。

在后面的章节中本书的许多内容都会围绕着这样三个核心要素去阐述。抗逆力是可以培养的，或者说每个孩子生来都有具备抗逆力的潜能，家长则应营造一个良好的环境保护孩子的这种潜能。抗逆力就像一颗种子，在正向的、和谐的、健康的生活环境中更易于生根发芽、开花结果。

第二章

成为让孩子不怕失败的家长

DI ER ZHANG

你属于哪种家长

美国心理学家戴安娜·鲍姆林德博士，经过几十年的跟踪分析，研究了家庭教养模式（parenting styles），奠基了近代家庭教育理论。她的研究认为可以把家长教养方式归纳为两个维度：

其一是**家长的响应力**（parental responsiveness）。家长对孩子是否报以同理心，是否对孩子的要求有所反应，能否倾听孩子的声音，是否对孩子报以热爱和支持，这些因素都是培养孩子独立人格和情绪调节能力所必须具备的。

这一维度可以理解为家长对待孩子的情感态度，从接受到拒绝的程度差异。接受程度很高的家长会以积极、肯定、耐心的态度对待孩子，尽可能满足儿童的各项要求；拒绝程度很高的家长则以排斥的态度对待孩子，对他们不闻不问。

其二是**家长的要求力**（parental demandingness）。包括家长对家庭纪律的落实，对孩子行为的控制，对孩子的期望的高低，在多大程度上愿意在孩子不服从时面对孩子的挑战，如何要求孩子融入家庭。可以理解为家长对待孩子的控制程度，从控制到容许的程度差异。控制程度高的家长，会为孩子指

定很高的标准，并要求他们务必达到这样的标准；容许程度很高的家长，则会对孩子宽容放任甚至缺乏管教。

在这一维度上，鲍姆林德博士还添加了一个**辅助维度：心理控制力**（psychological control），即家长如何干预孩子的行为调整，以及干预到什么程度。

举个例子，当孩子没有达成自己的期望时，让孩子道歉，并反复向孩子强调既定的目标，这是很高的要求力，但还未达到心理控制的程度。但如果将孩子的行为与家庭的兴盛、家长的健康等至关重要的因素紧密捆绑起来，从而让孩子产生内疚感以至负罪感，那就是一种高度的心理控制了。

2019年大热的动画片《哪吒之魔童降世》之中，敖丙这个人物就体现了受这种心理控制力的影响。在故事设定中，哪吒是魔丸转世，“注定要”为祸人间；而龙宫三太子敖丙则是灵珠转世，有望位列仙班，振兴龙族。敖丙从出生起就被寄予厚望，他勤勉努力，从不敢懈怠。但是当龙族告知敖丙，他所依托的转世灵珠乃是龙族从哪吒这里盗取的，并将整个龙族最硬的龙鳞甲赠予他，嘱托他扮演救世主以求功德的时候，敖丙所承担的期许也就上升到了受心理控制的程度。因此，当敖丙发现龙族盗取灵珠的秘密被泄露，他为了保护秘密，不惜埋掉陈塘关，差点就酿成大错。这就是典型的好孩子做坏事的故事蓝本，而其背后反映的正是一种高度心理控制的家庭教养模式。

根据以上两个主要维度和一个辅助维度的组合，鲍姆林德博士总结出了四种家庭教养模式。

第一种，纵容型（permissive）。**家长的响应力很高，要求力**

很低，其中心理控制力也很低。家长关注孩子的需要是否能够得到满足，通常对孩子很宽容，有时还会主动扩大孩子的需求。他们对孩子没有太高的责任感期许。有点像较为普遍的祖父母对孩子的养育模式。这样的孩子可能自尊心很强，但是不够成熟，判断力不足，很容易具有很强的冲动性，合作性较差。

仍以刚才提到的《哪吒之魔童降世》为例，哪吒这个人物的养育模式就有点类似于此。李靖夫妇尽管陪伴孩子的时间有限，但是却尽全力响应哪吒的情感需要。起初哪吒虽然没有坏心，但是判断力不足，屡次好心办坏事。直到后来明白了自己承担的责任以及家长对自己无条件的爱，于是以一己之力保护父母和整个陈塘关。这是坏孩子办好事的故事蓝本，背后同样反映出家庭教养模式的影响。

第二种，**独裁型**(authoritarian)。**家长的响应力很低，要求力很高，其中的心理控制力也很高**。对这样的家长来说，孩子必须绝对服从自己，孩子遵守自己的规矩比孩子的内心感受更重要。他们对孩子有清晰的蓝图规划，而孩子也必须按这样的蓝图去成长，他们对孩子的行为加以细致的保护和时时的监督，以确保一切在自己的掌握之中。但是在情感方面，他们却很少考虑孩子的自身需求和意愿，对孩子所有违反自己要求的行为表示愤怒，并且会采取严厉的惩罚措施。

这类孩子在家很顺从，在学校也能表现不错，但是社交技巧欠缺，自尊心较低，容易出现焦虑感，青春期之后显现出叛逆的一面，以及自我调节和适应性等抗逆力的不足，因为他们的情感需要没有得到满足。

儿童心理学家海姆·吉诺特在1969年出版的《孩子，把你的手给我》中写道："妈妈就像直升机一样盘旋在我头顶……我也只有在打喷嚏时可以不报告。"因此强控制参与育儿的家长常常被称为"直升机家长"。

家长对孩子的养育越是高度控制的，孩子越会难以面对无法掌控的局面。**学生时代的学习是高度可掌控的，走上社会的人生却是无法掌控的。努力去面对无法掌控的局面正是需要去培养孩子抗逆力的重要原因。**

第三种，**忽视型**(neglectful)。**家长的响应力、要求力，包括心理控制力，都很低。孩子如同被放羊一般，全靠孩子自己。**这类家长对孩子的情感需要缺乏及时的回应，对孩子的行为也没有充分的要求和适度的控制，因此亲子互动很少。家长对孩子可以说缺乏最基本的关注，甚至表现出不愿搭理的态度。这类家长或许对孩子的一些即时的、简单的物质要求会给予满足，却不会花费时间和精力在培养孩子的长期习惯和行为上面。

如果不是天资极为出众的孩子，或是孩子在成长道路上能遇到其他有力的替代力量，那么这样的孩子在社交、学业、情感上可能都需要帮助。在我国，这样的养育方式并不少见，不少留守儿童家庭就存在这样的问题。

第四种，**权威型**(authoritative)。**家长的响应力很高，要求力也较高，但是其中的心理控制力却较低。**这样的家长养大的孩子很容易获得较强的社交力和适应能力，较少出现问题行为或者抑郁与焦虑。孩子责任感强，但是不会被高度控制。孩子被要求遵守规则，但并不只是什么都是家长说了算。这

样的家长帮助孩子成长,但不着重于处罚孩子。家长对孩子有着良好的示范,**孩子能够在外界规则和自我需要之间找到平衡,并且保持自己的个性和主见。**

当我们仔细去梳理鲍姆林德博士关于家庭教养模式的分类之后,不得不问自己一个问题:我们是哪种家长呢?

当我们去讨论任何有关家长如何将孩子培养得人格健全、身心健康,能够很好地融入社会,学有所长的时候,对家长的要求几乎都是偏向于权威型的定义和前提的。家长在此时的定义可以是家长,也可以替代为其他的主要养育孩子的人。

权威型的养育人要求自己在孩子的心目中应该有权威,但这种权威是基于孩子的理解和尊重。家长会去努力建立这样的理解和尊重,而这个努力的过程不可避免地需要和孩子经常交流,以积极肯定的态度对待孩子,热情地反馈孩子的情感需求。为孩子建立规则时需要温和而坚定,给孩子理解和教育时需要温暖并且具有同理心,鼓励孩子表达自己的意见和观点,永远希望孩子能够自尊、自信,并且有很强的自我价值认同感。

当我们把自己调整为这样的家长后,再面对之前提到的很多育儿难题时,辅之以一定的认知和技巧,它们都有机会迎刃而解,让孩子成为不怕失败的人——在未来人生道路上,任何逆境都无法摧毁的人。

表扬孩子的正确打开方式

如今的家长普遍非常重视孩子的自信心和自我认同感的培养，这些也的确是培养抗逆力的重要因素。每个孩子都渴望被赞同，希望自己能够获得更多的表扬、较少的批评，因此家长们会在孩子的行为中发现值得肯定的内容，予以及时的表扬，给予正面反馈。

作为家长们如此广泛地使用的一种正面激励方式，很多家长对“表扬”的“打开方式”却存在认识上的谬误和偏差。

首先我们需要理解这样一个问题：家长往往是“表扬孩子”真正的受益方。因为如果我们表扬孩子，至少短期来看，孩子很可能会做我们所希望他们做的事情。就像著名的美国心理学家埃尔菲·艾恩在其著作《奖励的惩罚》(Punished by Rewards)中所写到的那样：**很多时候，表扬产生的改变并不一定对被表扬者有益，却会使表扬者感到方便、愉快、获益。**

“表扬”让家长们无意识地感觉到简单又容易控制。事实上，要真正鼓励孩子对自己所做的事情保持高度的兴趣，是非常不简单的。但随意的表扬却并没有什么难度。而当孩子期盼着家长的赞赏时，家长往往可以至少是短暂地控制孩子的

行为。

但是家长表扬的内容真的是孩子想听到的吗？真的是客观的吗？真的切合实际情况吗？如何表扬，才能让孩子不至于错误地认知自己，才能避免让模糊又无效的表扬所建立的所谓自信心坍塌呢？

最典型又常见的就是祖父母式的表扬：宝贝，你太聪明了。这是发自内心的由衷的赞美，但却不是基于某个特定事实的、没有基于任何比较的一种赞美。**孩子在这样的赞美中获得的是情感的满足，而不是客观事实的认定。这种类型的表扬可以偶尔出现，但不能替代对孩子行为的评价和衡量。**

事实上，孩子远比成年人想象的更具备天然的观察力，经常受到家长无条件表扬的孩子或早或晚都会思考：

为什么很多事情我感觉不如别人做得好？

为什么你们夸我做得好，但我感觉到并不是这样的？

为什么你们夸我聪明，却又经常指责我没把事情做好？

为什么你们夸我聪明，说我只是不够努力；但我的感受是，我努力了，也许是真的并不聪明呢？

家长有没有真正地去观察孩子，描述他们的行为，肯定他们的态度？是否只是简单地用一些溢美之词去过度表扬？关于这一点，孩子有着基本的领悟力。

但与观察力相反的是，孩子又远比成年人想像的缺乏判断力，他们还没有形成有效的自我评价体系。用不正确的方式过度地表扬孩子，不仅不能达到家长所期待的正面作用，甚至会有一些负面效果。

对于孩子来说，不管家长的期望是什么，他们本能地会按家长的期望行事，完全依赖于家长的评价，而难以形成自己的判断。大量热爱表扬的家长，也很热爱批评，如果表扬和批评都是模糊笼统缺乏标准的，长此以往，孩子就可能产生一种按照家长的微笑和表扬来衡量自己的价值倾向，而过度的想要取悦他人并不是一种正确合理的人格特征。

当孩子过度依赖于家长的表扬时，就会产生另外一种心理暗示：今天我被表扬了，明天如果做得不好，是不是就会被批评？与其如此，不如和这件事情离得远一些，反而安全。

这或许在某种程度上解释了，为什么家长越是逼着孩子做什么，越是看似“胡萝卜＋大棒”一样都不少，“表扬与批评”共舞地推动孩子去做的事情，孩子越是不愿意做，甚至恨不能与这件事情彻底切割开来。

早在20世纪50年代，心理学家鲁道夫·德雷克斯就提到了这一点——表扬容易导致“对赞同的依赖”。如果过度使用，它会增加不安全感，因为孩子们害怕这样的景象：无法达到家长的期望。

因此重点依然在于，家长所需要做的是花时间去关注如何长期地改变孩子的行为，树立正确的态度，养成良好的习惯，而不是简单地用赞美给孩子一个短时间的愉悦感受。

家长对孩子所做的事情的评价，是为了告诉孩子：他们的努力被认真观察，被接纳和理解。表扬是为了让孩子进一步投入到那些他们所喜爱的事物中去，而不是让孩子为了赢得家长的赞许而努力。

怎样才是“表扬”的正确打开方式呢？最重要的就是：表扬应该是“描述式”的，而不是“评价式”的。

那些带来负面作用和隐患的表扬，无一不是评价式的，用了一个简单的表示赞美的词汇去总结孩子的天赋或成果。例如：聪明、可爱、有创造力、漂亮等。就像前文提到的那样，孩子们喜爱这样的表扬，却也对这样的表扬产生了依赖或是不信任。

孩子要么无法接受曾经获得过的表扬突然有一天不复存在；要么不再相信自己曾经得到过的任何表扬，并且走向另一个极端：否定自己。

描述式的表扬，关注的是孩子值得被表扬的行为过程，而不是天赋或某一个特定成果。

如果孩子认真画了一幅画，那么家长需要说的并不只是诸如：“孩子你这幅画画得真的太棒了！”而是应该描述更多的细节：

“这幅画，你运用了更多的色彩……特别生动。”

“这幅画，虽然没有用很多的色彩，但是单一色彩的层次感看上去很立体。”

家长可以认真地说出自己的观察结果，或是向孩子进行提问。

当孩子认真画了这样一幅画的时候，他们更应该期待获得的不应该只是家长的赞许，而是来自于他们自己本身对这幅画的赞许。这样他们才会在信手涂鸦时去努力尝试不同的色彩和构图，才会真正去探索如何画得更好，而不是如何让家长表扬自己。

同理，如果家长认为孩子做了一件聪明的事情，不能仅仅是笼统地夸奖一句“宝贝你好聪明”，而是明确地告诉孩子“我观察到你今天做了什么，做到了什么”。

在学习问题上，尤为如此。每一个孩子都生来渴望学习，却不是每一个孩子都能够自然而然地把学习这件事情做好。作为家长，要给孩子正确的引导需要很大的耐心，需要观察和教会孩子真正解决问题的方法，而不是用简单的口头赞美去驱动孩子去实施某一种符合家长愿望的行为。更有甚者，在孩子达不到自己的要求的时候，所有过往的赞美立即转变成了批评与责备。用这种“简单粗暴”的方式只会使得孩子要么只会盲目机械地遵从，要么公然反抗和抵触。

与其责备孩子，不如帮孩子找方法

擅长评价式“表扬”的家长往往也很擅长评价式的“批评”，同样是用一个简单粗暴的词汇总结了孩子的天赋或成果，只不过词汇换成了：笨、糊涂、乱七八糟、满脑子浆糊、天天惹麻烦等。

著名儿童教育学家蒙台梭利说过：儿童不会自己判断自己，他是以别人对他的态度来判断自己的。因此对孩子来说，自我判断的基础首先来自家长对自己的表扬与批评、奖励与惩罚。

有关如何批评孩子的问题，家长们普遍的忧虑在于：面对孩子存在的问题，如果不予以批评，孩子就会认为即使做错事也无非是轻松揭过。然而如果严厉批评，一方面担心孩子受到打击变得做事畏首畏尾，另一方面又担心孩子今后可能不再提及自己所面对的问题，甚至对家长有所欺瞒。

当孩子讲述自己的失误或是做错了的事情时，家长的反应有这样几种典型误区：

一、挖苦式的语气将孩子进行角色定型。

我早就跟你说过这样不行。

我就知道你做不到的。

照你现在的速度,永远也做不完。

反正你总是那么粗心的,这个问题不知道说过多少遍了。

二、轻描淡写地否定孩子的感受。

这算什么事儿?

别小题大做……

哎呀,你只不过是生气了。

三、反应过度,并且为孩子找借口。

天哪,怎么会这样!

孩子,你真是太可怜了!

简直太糟糕了!

这根本不是你的错。

四、对孩子进行责备与惩罚,甚至是在公开场合。

你怎么那么笨,这点事都做不好。

明天的春游你不用去了。

这个月你别想拿到零用钱。

五、一味讲大道理。

生活就是这样的。

人生经历些挫折是难免的。

你还小,太嫩了点。

六、强势地给建议。

我告诉你应该怎么做。

你就应该按我说的……

以上这些误区或许许多家长都曾触及。有些家长选择简

单粗暴的批评指责，有些家长经常觉得孩子的情绪是小题大做，更多家长选择用高高在上的方式传递自己人生几十年的经验，强势提供建议。而最为大错特错的就是这样的家长：在亲戚朋友面前，使劲夸奖孩子，攀比孩子，拿孩子为自己挣面子；如果挣不到面子，回到家就会转而严厉指责孩子让自己丢了面子。有熟人在的时候，待孩子友善慈爱；没有熟人在的时候，就算是在公众场合，都可能会严厉地惩罚孩子。

自从为人父母以来，带着孩子参加早教班也好，混迹于各种“遛娃”的活动也好，见识过各式各样的家长。

比如孩子之间产生了争吵推搡。遇到过有的家长严厉地指责孩子，非常大声地说：你到底道不道歉，不道歉我就不要你了，你自己待在外面。

也遇到过，孩子的爸爸态度诚恳地教导孩子要道歉，告知孩子打人会疼，象征性地拍了几下孩子的小手作为示范。没想到孩子立即撕心裂肺大哭，更没想到的是，孩子妈妈心疼得当场对孩子爸爸发脾气，搂着孩子各种安慰。对我们旁观者来说，孩子之间的外部矛盾一下子转化成了别人的家庭内部矛盾。

如何批评孩子，如何调停孩子间的矛盾是非常可以看出一个家庭的育儿模式的。

“要不是你没有好好练习，妈妈刚才也不会那么丢脸了”；“考试考得那么差，你还有脸哭，哭哭哭，你自己坐在这里慢慢哭，我先走了”……这些都是常见言论，道理其实很多家长都懂：要维护孩子的颜面，不该在公众场合打骂指责；不该把孩子当私人物品拿来攀比、予以控制。只是很多家长也会有忍

不住的时候。

养儿不易，如今的大环境下，很多家长为孩子付出了很多很多，辛苦工作攒下的一些钱投入了各种补习班，好不容易周末休息这么点时间也在里里外外忙着孩子的接送和辅导。可是孩子却不如自己期待的那样争气，还有各种各样的任性行为，让自己简直伤透了心。

除了极少数特别过分的家长，大多数我接触过的家长对孩子的批评都是情理之中的，在期待和付出的压力之下，很多家长对孩子的批评已经算是比较克制了。但究竟怎样的批评才是合理的方式？毕竟批评孩子是为了让孩子变得越来越好，而不是为了发脾气或抱怨一通。

于成年人来说是小事的批评、责备或惩罚，于孩子来说可能就是无法逾越的大事，采取正确的方式是十分有必要的，与其频繁地责备孩子，不如为孩子找方法，我们可以分四步去理解这样找方法的过程。

第一步，面对孩子不如自己预期的问题，家长需要去体会孩子的感受，并针对孩子的感受给予积极的反馈。**心理学家海姆·吉诺特博士说过：孩子的感受和他们的行为有直接的联系，孩子有好的感受，就会有好的行为。**而让孩子有好的感受的第一步就是：接纳他们的感受。

作为家长，体会孩子的感受并给予及时反馈是最重要的。孩子长大之后，他们会进入学校，老师会教导孩子如何遵守社会行为规范和准则，也会教授知识和技能，并且孩子会自然而然地参照同学的行为处事。因此，家长们所认为的很多大道

理与建议,并未见得是孩子最为必需和急于吸纳的。反而是第一时间尝试理解孩子的感受,给予积极的反馈,这才是家庭无可替代的角色需要。

在孩子的成长过程中,他们会慢慢体会到,生活并不总是以他们为先,不比在家里,在外时自己的感受并不总是能够被顾及到。在孩子小的时候,家人就是他们的全部,如果家长能够积极体会他们的感受,他们就会变得更为自信、宽容、温和,如果家长经常试图用冷嘲热讽“激励”其进步,他们就会越发变得茫然和被动。

因此,当孩子做错事,或面对做不到的事情的时候,家长应该让孩子先讲述事件本身,而不是急于评价。家长们需要做的是全神贯注地倾听,站在孩子的角度思考问题,不要急于判断和武断地给出建议,比方说:

碰到这样的事情确实有点让人生气;

你觉得有些失望是难免的;

看起来你很讨厌这件事情;

我小时候如果遇到和你一样的状况,肯定也会很难过;

原来是这样啊,你当时一定很尴尬。

认真地聆听,回应并说出他们的感受,表示理解。不必总是追问“为什么”,因为孩子不一定能准确说明自己的原因,或是不一定愿意说清楚事情的来龙去脉,所以他们并不喜欢家长们逼着他们做出各种解释。

第二步,家长在接纳感受的基础上,需清楚表明立场。接纳孩子的感受,不代表认同孩子的感受。理解孩子的行为,也

不代表家长是在肯定孩子的行为。

如果孩子确实做错了一些事情，则在沟通理解之后有必要告诉他们：我理解你的感受，但是你使用了不恰当的方法。并且在对孩子的感受表示了理解的基础上，也可以说一下家长们自己的感受，比方说：

我不赞同你的行为；

你这样做我有些失望；

你能主动告诉我这件事情，我觉得很好。但是我们还是需要思考一下如何解决问题。

表明立场是为了让孩子在被理解和接纳的基础上，明确地获得了关于自己行为的一个定性和反馈。

第三步，家长就可以聚焦如何解决问题和确立行动计划了。无论孩子是做错了事情，还是事情没做好、没完成，家长在表示理解和表明立场之后，真正应该帮助孩子去做的，是聚焦在如何解决问题，以及如何确立行动计划上面。

如果前两个步骤完成得恰当，那么此时孩子已经处于一个比较能够接受家长建议的状态，而家长的态度也是愿意与孩子分担他的感受，愿意与孩子共同去解决问题。

第四步，给出选择。有时候，孩子可能会很容易接纳家长为他们制定的方案，有时候他们则会表现得有些抵触。

这时候有些家长就会再次变得暴跳如雷，之前的隐忍和耐心到了极致，瞬间推翻了前三步，并且或许还会产生一种“早知说那么多也没用，还不如一开始就用暴力合作手段”的

想法。

这个时候家长们或许只需要再坚持一步就好，那就是“给出选择”。

家长们都是看着孩子嗷嗷待哺直至长大，习惯的思维就是，孩子是属于我们的。但早在孩子 3 岁开始，他们的独立意识就已经觉醒了，并且产生了他们人生的第一个叛逆期。

很多家长，尤其是中国的家长，非常爱他们的孩子，愿意为孩子付出一切，所有的责备和批评事实上都是为了孩子好，可他们却不明白为何孩子不但不理解不感激，反而变得越来越叛逆和难以管教。或许关键问题就在于家长不懂得尊重他们的孩子。

有时孩子不愿意和家长聊一些问题，并不一定是因为孩子难以驯服，可能只是他们没有想好应该怎样面对家长。其实成人不也是一样吗？面对越在乎的人，越是害怕他们失望，越是忐忑于如何沟通。

因此如果孩子不愿意聊，家长只需要让孩子知道，当他需要的时候，爸爸妈妈、家里人随时都在，随时愿意聆听。如果孩子不能接受家长的建议和下一步行动方案，可以给他们一些选择。有沟通技巧的家长，从一开始就会想好了选项 A 和选项 B，就像这样的对话：

家长：不如我们就这样做吧！

孩子：我不要。

家长：那让我想想……你看这样的处理方式可好？你思考一下，看看选哪个方式比较好。没关系，你自己决定选哪个。不着急，反正明天再决定也来得及。

总结来说，采用正确的“批评”的打开方式，需要家长的耐心和同理心。

人们常说孩子是家长的一面镜子。家长们都希望自己的孩子能够有耐心、宽容又富有同理心。可是很多家长在面对孩子的时候，却根本没有耐心听孩子讲述，也没有用同理心去理解孩子的感受，更没有宽容地接纳孩子的情绪与不足之处，而孩子需要的正是接纳、理解和无条件的爱与尊重。

给孩子鼓励，而不是奖励

"如果你今天表现好，周末就带你去游乐园"，"如果这次考试考到班级前10名，暑假给你每天玩半小时游戏"……承诺奖励是家长育儿极为常见的举措。如果成功了，孩子可以获得奖励；如果失败了，奖励就会被取消。

家长给予奖励的目的是什么呢？奖励对谁有效？奖励的效果能持续多久？是否孩子必须有糖果在手，才能完成自己的作业？

美国心理学家艾尔菲·科恩在其闻名全球的著作《奖励的惩罚》(Punished by Rewards)做出以下结论：**奖励完全不是惩罚的对立面，它们只是硬币的两面，而这枚硬币并没有什么购买力。**

奖励和惩罚源于相同的心理模式，也就是用动机作为操控行为的手段，虽然现代教育避免对孩子进行惩罚，但家长却忽略了奖励的过程中其实内含着惩罚的特质，因此艾尔菲·科恩称之为奖励的惩罚。

家长可能会告诉孩子，如果你表现良好，周末就带你去游乐园。然而当孩子惹恼了家长的时候，家长就会警告：再这样

周末就别想去游乐园，哪儿都别去，乖乖待在家里做功课。此时取消奖励的威胁和惩罚的效果是相同的。“胡萝卜＋大棒”的模式如此盛行，但胡萝卜中是隐藏着大棒的。

有些家长可能会事后奖励，也就是当孩子完成了既定的目标之后，决定给予孩子奖励。比起事先约定奖励以及威胁撤销奖励，这样做会少一些家长试图高度控制孩子的因素，但是孩子的行为依然和某种奖励挂钩，家长仍然在要求孩子顺从，本质上的差别并不很大。

当我们采取奖励的举措时，实质上是为了长远的目标，但呈现出的却是一种短期控制。比如要求孩子去完成作业，并不仅仅是当下让孩子按我们的意愿完成一件事，最终目的是为了让孩子养成良好的学习习惯；比如要求孩子获得更高的成绩的排名，也不仅仅是为了一个短期的结果，而是希望促使孩子热爱学习，努力获得成功，避免被失败打击。

但实施不恰当的奖励却会事与愿违。

有过这样的心理学课堂实验。在 12 天时间里，让四五年级的学生分成两组，学生如果选择玩与数学有关的游戏可以得到奖励，玩别的游戏则没有。在前期做过的不涉及任何奖励的调研测试中，玩家普遍反映，无论是否包括数学，这些游戏本身的趣味性没有明显差异。

实验的过程中，给出奖励作为激励的时候，孩子们都涌向了能够得到甜头的数学游戏。很快实验组撤销了数学游戏奖励，没有了奖励，学生们对数学游戏的兴趣急剧下降，许多人

的兴趣甚至低于一开始没有得到过奖励的时候。

研究人员给出的结论是：依靠强大的奖励机制所提高的参与积极性，可能会产生与奖励相伴的参与积极性的下降。也就是说，撤销了奖励，参与者的积极性将急剧下降。在奖励期间被强化的行为并没有被延续下来，甚至产生反作用。

学生们为什么不能保持最初得到的强化行为？答案是强化手段一般没能改变人们的态度和情感上的承诺，而这两者是人们行为的基础。**奖励没能产生深刻、持久的变化是因为他们的目的只在于影响短期的所作所为。**

奖励和惩罚都是诱导顺从的行为，如果家长的目的是让孩子短期服从命令，那么两者皆可能产生效果。但是如果家长的目的是提高孩子的长远学业成就和兴趣爱好，增强孩子的抗逆力，帮助孩子成为自觉学习者，建立价值观，那么奖励和惩罚都没用，甚至可能起反作用，也就是当奖励和惩罚都失效了之后，孩子会避免去做那些让自己可能失败的事情。

心理学领域有个很有名的故事。故事说有一个老人住在一个小镇上，镇上有一群顽劣的孩子，老人的住处在孩子们放学回家的必经之路上。这群孩子们每次路过这里都要停下来对着老人一阵嘲笑，说他愚蠢、丑陋，头发光秃秃。

老人想了一个办法，他向顽劣的小孩子们宣布：他很喜欢他们的吵闹和大喊大叫，为了奖励他们，他愿意每天给每个孩子 1 美元表示感谢，只要他们能继续保持这样的大喊大叫的力度。孩子们真是既惊讶又兴奋。

第二天，孩子们又来了，并且尽他们所能地大喊大叫，嘲

笑怒骂，老人恪守诺言，如约继续给了他们每人1美元。

到了第三天，尽管孩子们骂得十分起劲，老人却很无奈地对他们说自己存款有限，以后只能给他们50美分了。孩子们非常不满，纷纷表示自己叫骂得如此辛苦，却只有50美分的收入。

又过了几天，每天来履约的孩子越来越少，直到老人表示，恐怕很难继续承担这样的费用了，仅剩的几个孩子也嘟囔着走了：不给钱谁费劲地花力气骂你啊。

孩子们一开始骂老人，只是出于顽劣的恶作剧心理，老人用给予奖励却又降低奖励的方式，成功地消耗掉了他们恶作剧的内在动力，使这件事情变成了孩子们本不愿意做，不过是看在奖励的份上才做的事情，奖励消失了，兴趣也就消失了，孩子们自然不会再做。

奖励和惩罚并不能帮助孩子成长，也不能长期帮助孩子迎难而上，抵御潜在的失败的压力，因为奖励和惩罚都只是外在驱动力。与外在驱动力相反的是内在动力，意味着享受所做之事本身。受内在动力驱使的人在工作和学习中的表现与那些成就很高的人相同，他们追求更高的目标，展示更伟大的创新，在充满挑战的环境里表现出更高的抗逆力。

这一点在孩子的学习问题上表现得尤为明显。如果孩子的学习行为和习惯只是遵从于家长的胡萝卜加大棒，而并不是由他们对于学习本身的喜爱，或者不是受他们要实现更高的学习目标所驱使，孩子的学习态度通常是非常不稳定的。

而人们做一件事的内在动力常常会因为哪些因素而减弱

呢？比如当我们受到威胁时，无论是得到了取消奖励的威胁还是被惩罚的威胁，都会降低人们对这件事情的兴趣，或至少变成了有条件的喜爱。又比如当我们预期做一件事要接受评估的时候，或者面对紧张的截止日期的时候，都会感觉到兴趣降低，因为自己正在被迫使去做一件事。与别人竞争也会减弱人们从事一件事的内在动力，成功的结果只能归属于一人，无论自己能否成为那一个人，都需要有获胜的奖励才能够坚持下去。

当孩子的内在动力减弱的时候，如果目标管理和抗压的能力也没有形成，孩子就会有破罐子破摔的心理，厌恶学习，并避免失败。

因此，除非孩子对某件事的内在动力已经跌无可跌，那么家长或许可以考虑提供适当的奖励以便让孩子的动力从谷底先反弹。除此之外，不应该对孩子本身还存有兴趣的事情，用奖励、更高的奖励、无法提供更高的奖励这样的循环去破坏孩子的内在动力。

当家长需要纠偏孩子的行为，培养孩子的抗逆力的时候，与其提供没有长效机制的奖励，不如正确地给予鼓励。怎样鼓励孩子呢？

首先，关注孩子好的一面，并立即给予反馈。很多孩子即使有不足之处，总有做得好的事情。好的地方需要家长及时的认可和反馈。但很多时候，当孩子有一个负面行为时，家长的第一反应通常都是聚焦在这个负面行为上面，并立即制止：你不可以这样。当孩子有好的表现的时候，却并非第一时间

用正确的表扬的打开方式给予关注和肯定。

就像著名的心理学家简·尼尔森博士在其著作中写的那样：太多的家长会认为，让孩子因自己的所作所为而羞愧，会比激励他停止不良行为来得更重要。家长很多时候过度关注了孩子的缺失，而却忽视了孩子的长处，或是用一句笼统的表扬就随意带过。

其次，孩子的负面行为常常伴随着情绪，家长可以先安抚情绪。孩子有情绪的时候，可能会使用激烈的表达方式，继而和家长发生冲突；不过也可能会使用温和的表达方式，此时家长同样可以及时地报以同理心，鼓励孩子去做出改变，这样做是更顺畅的。这两种看似南辕北辙的表达方式其实只有一线之隔，需要家长去鼓励孩子使用后一种充满同理心的、能够获得沟通效果的理性的表达方式。

现实生活中，却有大量的家长和孩子采取第一种方式，其结果是，一方激烈的表达，换来的是另一方更激烈的对抗，继而产生越来越大的冲突。如果能够安抚住孩子的情绪，那么每一次孩子有不妥当的行为，都可能受到鼓励而转向积极的方面，这一点越是幼童越是有效。

我的孩子大约 3 岁的时候，到了自主意识的敏感期，爱推人，一言不合就挥着小拳头捶过来。一开始我们家人都会下意识地制止他，和他讲道理，或是假意打回去以让他感同身受，但都收效不大。有一回他发脾气，对着我就推了过来，我伸开双臂做出抱他的姿势，然后停下来很惊讶地说：宝宝是要

推我吗？还以为宝宝要抱我呢。

他脸上顿时流露出不好意思的表情，手臂也弯了起来，我顺势蹲下身把手伸给他，他也顺势抱了我，然后我和他讲刚才想讲的道理，能明显感觉到收效不错。他的小任性不过是结合了自主意识觉醒的，寻求自我归属感的一种挑衅，而我用拥抱的方式鼓励他采纳了另一种表达方式。

最后，家长着眼于鼓励孩子做出改变，关键在于鼓励改善的发生，而不是立即需要完美的结果。当孩子承诺改善的时候，家长可以鼓励孩子的勇气；当孩子有所进步的时候，家长可以及时认可；当孩子力有不逮的时候，家长可以给予帮助、提供选择。

家长朋友们可以鼓励孩子对自己进行评价，与其告诉孩子“你做得不错，这是给你的奖励”，不如问孩子“你觉得做得如何”；与其告诉孩子“我同意你的看法，我也觉得你做得不错，有没有什么想要的”，不如问孩子“你自己觉得还有哪里可以改善的吗”。

鼓励孩子自我评价不但可以助推孩子的内在动力，还可以避免孩子因过于依赖外部评价而产生的抗逆力的不足，从而建立起自信心和自尊心来迎接生活中的挑战。

保护孩子的学习兴趣，而不是毁灭它

家长和孩子最容易产生冲突的源头，最容易让孩子产生挫败感的事情，无疑是学习。在心智成熟继而走上社会之前，孩子最容易体验到失败的事情就是学习。当然我们绝非唯学习论，也有大量的孩子是因为被家庭问题困扰，或是遭遇人际关系的失败，继而感受到巨大的挫折感，甚至心理崩塌。只不过因为学习问题而导致的亲子矛盾，或是孩子在成长过程中的自我认同感的缺失，是最常见的。

孩子生来就有学习的兴趣，孩子从蹒跚学步到牙牙学语，对世界充满了好奇心，想要了解更多、学习更多，这是孩子的天性。

但是学习的过程本身又是一件需要自我约束的事情，饿了要吃饭，困了要睡觉，无聊了就想玩，这些是人的天性，而自控力是需要培养的一种能力。学习的天性保护得越好，就越能让孩子慢慢掌控自己去追寻更高的学习目标。

为何孩子的学习兴趣会消失呢？原因是多种多样的。

其首要的原因，是孩子的学习从“享受过程”变成了“强求

结果”。孩子喜欢学习,是天性也是好奇心的驱使,当他们学到了知识的时候,他们自然会因为自己的学习成果而受到鼓舞。幼年时期,无非是学得快或学得慢的问题,一般并不存在学不学得会的问题,因此无论他们花多少时间学会,他们并没有强求学习结果的意识,所以孩子对学习也并不存在恐惧和畏难的心理。

遗憾的是家长会强加这种“结果导向”的意识给孩子。孩子开始慢慢地意识到,他们必须更快地学会,必须比别的孩子学得好,否则就是不对的,就会挨批评。从这个时候开始,对于那些学什么都很快的孩子,他们依然能够得到正面激励,但是大多数孩子都只是“普娃”,他们的天赋并不超群,强行快速地追求学习结果,就导致孩子们通过学习所感受的单纯的快乐,开始慢慢地消失了。

当学习的意义必须以结果来衡量的时候,就只有结果能够驱动学习了。那么不需要结果的时候呢?这就是为什么中国的学生经常“熬”到了大学就不爱读书了,因为他们已经“对得起”自己,已经不需要强求结果了。

第二个让孩子不再喜欢学习的原因就是,学习不再是一件快乐的事情,而夹杂了其他很多情感压力。比如有些家长在日常生活中,用言语,用他们的行为表现,无时无刻不在说明一个问题:为了让你好好学习,我们为你付出了许多,牺牲了很多。

当孩子接收到这些讯息的时候,压力就进一步地发展了。能够学好的孩子还算能够承担这样的压力,只是被心理控制

的感觉并不有利于他们进一步地发挥自己的想象力和创造力；而对那些学习天赋并不突出的孩子来说，则只能在一段时间里面靠压力所产生的责任感来维持学习的动力，天性上的学习兴趣开始进一步消失。

对一件事情有兴趣，才更容易把事情做好，才能够真正地挖掘自身的潜能。见过太多的孩子依靠责任、压力、社会规则去学习，这是一件非常遗憾而且很难持续的事情。

第三个让孩子失去学习兴趣的原因，和前文所提到的“奖励与惩罚”有关。当孩子对学习的兴趣从无条件变成了有条件，而这种条件因素却不能持续满足时，孩子的学习兴趣也会消失。

本来孩子喜爱学习、渴望认同是一种天然的内驱力，但是慢慢地孩子就会发现学习其实是有条件的。学习可以为自己赢得奖励，也可能使自己遭受惩罚。

事实上，孩子最好的学习状态是完全自发地专注于一门功课。当学习成果好的时候，考试成绩本身就是一种正激励，家长只需要给予肯定和支持。如果考试成绩不好，孩子就会自然而然地体会到沮丧的情绪，此时他们需要家长理解他们的情绪，并且最好是提供一些可行的又不会让他们充满压力的解决方案。

有关学习的所有措施都应该是这样的一种自然行为。而不是像很多家长所做的那样，不断地胡萝卜加大棒，针对孩子的学习成绩进行不断的奖励和惩罚。奖励和惩罚都在强化一种心理暗示：学习是被强迫的。潜台词就是：没有人爱学习，

只是因为学习赋予了必需的生活条件,我才不得不学习。

在生活中,我们常常看到的情况就是,家长用表扬和批评、奖励和惩罚来控制孩子,而孩子呢?实际上也是用自己的学习成绩、学习态度以及和学习有关的一系列行为来反控制他们的家长。学习不再是孩子由衷喜爱的一件事情,而是变成了谈条件的筹码。

我考试考得好了,就要得到什么,我认真做功课了又要得到什么。或者反之,我考试考得好了,认真做功课了,总算能不挨骂了……慢慢地,孩子对学习的态度从无条件的兴趣变成了有条件的要求。而这种条件是不能被持续满足的,因为用奖励激励学习,奖品要变得越来越大;用惩罚来激励学习,惩罚的效果则会变得越来越差。

第四个让孩子失去学习兴趣的原因是,有时候学习变成了阻碍孩子做喜爱事情的绊脚石。

每个孩子都有自己喜欢的事情,但这些事情看上去似乎对学习没有直接的帮助。开明的家长就会懂得如何平衡孩子的爱好和学习之间的关系,帮助他们养成自控能力,合理地安排时间。但是很多家长还是会简单粗暴地阻止孩子去做那些喜爱的事情,口号非常统一:“都是为了好好学习,都是为了你的未来。”于是,学习就变成了一颗无辜的绊脚石,这样怎么能让孩子由衷地喜爱学习呢?

著名的教育学家苏霍姆林斯基说过,人的内心有一种根深蒂固的需要,总感到自己是一个发现者、研究者。在儿童的精神世界中,这种需要尤其强烈。

所以孩子有学习兴趣和只是被逼迫去学习,差别何其大!这种差别还不仅仅是简单地体现在学习成绩上面,还会对孩子未来一生的学习和接受新事物的习惯,以及探索事物的兴趣和好奇心,都有着很大的影响。

如果孩子已经失去了学习兴趣,学习成绩堪忧,并且产生了很重的挫败感的情况下,家长需要如何应对呢?

首先,不要为孩子找借口,也不要逃避现实,而是接纳现状。很多家长一方面对孩子求全责备,另一方面却又下意识地为孩子找各种借口。某种程度上说,家长们不能接受自己的孩子“失败”,更不能接受自己可能是“失败”的。其实大多数家长都能够理解孩子的天赋发展确实有可能并不均衡,但事情发生在自己身上时,却会不自觉地去找各种借口:孩子他就是不认真,以后就是要对他严厉一些。

即使是最“佛系”的家长,也可能有过对孩子高度期许的时刻,而更多的情况下,“望子成龙”“望女成凤”仍然是家庭教育的主流思想。大多数孩子都是普通人,但家长要接受自己的孩子只是一个普通人却需要一个过程。对于孩子的学习成绩、学习兴趣,这些问题的形成不会是发生在一天两天之中的,因此问题的解决或改善势必也需要家长付出很大的耐心。焦虑不能解决任何问题,只会加深家长和孩子的焦虑感,从而转变为挫败感。

改善问题的第一步永远都只能是:理解和接纳,在此基础上才能够去讨论如何改变。家长首先能改变的只能是自己的耐心,以及基于当下事实情况的客观分析和选择最优方案。

其次，管理孩子的情绪和期望值。有一句话是这样说的：当孩子“溺水”的时候，你不该忙着给他上“游泳课”。

家长对孩子是有天然的权威的，而孩子在家长眼中又必然是幼稚懵懂的，所以遇到问题时，很多家长都习惯于高高在上地强调一切问题的合理性，给孩子大讲特讲各种大道理。孩子表达的是自己的情绪，家长却在不断强调事情的必要性。这就是冲突最开始发生的原因。

如果孩子在某个特定科目上表现很差，认为某项功课很无聊，那么孩子是在寻求理解、沟通和认同。如果家长可以认真聆听，了解一下到底无聊在哪里，给予一些反馈，建议是不是可以换一种方式去学习，那么孩子就能感受到理解和支持，反而会愿意耐心面对让自己兴趣全无的功课。

当家长把孩子情况梳理清楚了，情绪安抚好了，就能对症下药。每个孩子的学习问题都不同，不可能有一种放之四海而皆准的方法去解决这个问题。

有些孩子不肯读书，问题可能并不是缺少读书兴趣，而是他们对家长、对家庭、对现状有一种叛逆的情绪，对这样的孩子，强调学习热情是没有意义的，治理叛逆情绪的来源才可能有效果。

如果孩子的确没有学习动力，家长就需要换一种方式，暂时给孩子一个喘息的空间，尝试找到孩子真正的厌学原因，唤起孩子的责任感。因为没有孩子是愿意辜负自己的家长的，即使是叛逆的孩子故意把事情搞得一团糟，本意也是为了吸引家长的注意力，希望得到家长的关注和认可。当孩子并没

有认真学习,却获得了家长的理解和体谅时,或许反而会激发他们的愧疚感和责任感。

也有些孩子,从小就很有自己的主见。不喜欢的事情就是不愿意做,可是喜欢的事情就会做得很不错。

如果是这样,就需要家长动动脑筋,怎样让孩子对学习科目真正地产生兴趣。可以用简单的逻辑和有趣的描述来讲讲,为什么学数学 ? 为什么学英语? 以及学会了能怎样,会很酷,会很受欢迎。也可以带着孩子去参与一些相关科目的应用型活动,让孩子感受到这些学科的魅力。

如果孩子依然自信心不足,那家长首先不能再做任何进一步打击孩子信心的事情。当孩子确实做不到的时候,可以考虑用一种幻想和提出美好愿望的方式来化解孩子的压力,帮助孩子面对现实。

"这个事情真的挺难,妈妈也没有完全学会。如果我们能在下次上课时和老师做得一样棒就好了。"

"如果能这样就好了……"这句话听上去没有任何力量,却是一句让家长和孩子在一个时间点上建立"同理心"的方法。因为对一件事情没有自信心的孩子,内心深处无时无刻不在想的就是:"如果能这样该多好啊!"

可惜的是,太多的家长并没有用这种方法去建立和孩子沟通理解的桥梁,而是在孩子没有信心的时候,用各种方式加深了孩子的无力感和挫败感。

也有些孩子,即使家长出动了所有的大招,孩子还是没有能力把书读好,家长会失望吗? 那是肯定的。然而家长也需要接纳这个失望的自己,而不是把失望转化为焦虑,进而去逼

迫孩子，那只会令孩子变得不快乐，变得厌学，最终家长的“失望”只会变成孩子的“失败”而已。

未来的社会竞争将会非常地垂直细分并且多元化，孩子如果能够成为全才，能够获得很好的学业成绩，那当然很好；但是如果不能，孩子也并未见得需要在所有的学习科目上都很擅长。我们的普及教育是通才教育，有的时候漫长的基础教育就已经压垮了很多的家长和孩子。

如果孩子已经有了显而易见的学习困难，那么是压缩孩子的睡眠时间，不惜牺牲身心健康也要赶鸭子上架，还是为孩子做一下取舍，鼓励孩子在优势项目上予以突破，就是家长需要做的选择了。

成绩不好的孩子，自信心多少都受到了一些影响，他们需要重拾信心。鼓励孩子的某个尝试，肯定孩子的某个行为，促进孩子的某个习惯，选择一些项目让孩子去重点突破，如此才能够帮助孩子重拾信心，避免人生中更大的失败。

能够分担孩子感受的家长才是最棒的家长，能够始终关注、观察孩子并给予反馈和鼓励的家长，才真正诠释了一种终生学习的态度。家长可以跟孩子分享一个学习目标，然后去完成目标，并宣告自己的成就感：看，我们做了一件很酷的事情！

成为和孩子分担内心感受的家长

美国广播公司ABC电视台的一档真人秀节目“What would you do”《你会怎么做》，让演员扮演各类需要帮助的角色，然后观察身边的路人看到相应情况会如何应对。有一个选段是让一对父子表演了这样一个情境：

他们在冰激凌店里面，儿子想吃冰激凌，但是父亲却责怪儿子输了棒球比赛，作为惩罚，拒绝给儿子买冰激凌。而且还说一句重话：“You are a loser”（你是个失败者）。

儿子很委屈，说道：“我已经尽力了。其他人都有冰激凌。”但是父亲不为所动。

这个情境终于激起了身边一位路人的反应，他走过去劝说这位父亲：“拜托给他买个冰激凌吧！我们在人生中都会犯错，他还只是一个孩子……”

父亲说道：“我只是想给他一个教训。”

路人这样说：“人生本来就是充满挫折和挑战，他早晚也会自己体会到这件事情，而现在他需要知道的是，爸爸永远是他的精神支柱。你是他人生中最重要的一部分。让他知道他拥有这个世界上最好的爸爸。”

现在的孩子都被当作小公主小王子精心呵护着,“自我为中心”和“经受不住挫折”就变成了现代孩子的通病。于是一个“新词”也应时而生:挫折教育。

就像这个节目中所扮演的父亲那样,有时候家长会认为需要适时地给孩子一点教训。如果家长始终鼓励孩子去追寻更高的目标,孩子经历挫折是必然的。“Life is not easy(生活不易)”这个人生课堂对孩子来说,是从小到大自然会体会到的一个必然过程。

我们很难定义“挫折教育”,但却可以明确“挫折教育”的目的。那就是让孩子在面对挫折的时候,仍然保有自信心、自尊心,不畏惧失败,不做傻事,用平常心面对人生困境,积极寻求解决方法,在失败中成长。孩子的内心必须变得足够强大,才足以抵抗生活中任何突如其来的困境。

那么,人的坚强和内心的力量来自哪里?是爱和安全感。当孩子体会到经历挫折的感受之后,却依然能够感受到满满的爱和安全感,才是真正的挫折教育。

为什么有些孩子经历了一些“小事”居然就会想不开闹自杀?打败孩子的不是那一件件“小事”,而是发生这些事情的时候,孩子没有安全感,没有值得托付、信任的人,孩子感觉活在世上,没有人全心全意地爱他、接纳他、理解他、支持他。

让孩子无法承受的挫败感不是失败本身,而是一旦失败就没有了爱和呵护。当孩子构建了良好的安全感时,挫折才会真正成为磨炼他们意志的利器,否则所谓的挫折只会变成吞噬孩子自信心和自尊心的陷阱。所以,作为家长,要做的是成为能够和孩子分担感受的人,始终站在孩子身边的人。

生活中有很多的家长，对孩子有足够的权威，有很强的奉献精神，却并不懂得和孩子分担感受。

举个例子，比方说孩子花了很多时间在游戏上，甚至是偷拿了家长的手机玩游戏。家长一旦发现，多半会大发雷霆，会训斥孩子：总是这样玩游戏，眼睛要搞坏掉，成绩更是一点希望都没有。

但是孩子大了会有自己的想法。让视力下降的并不只有打游戏，做作业、上网课都是大量用眼的，即使是现在的课外班也都大量使用液晶屏。所以孩子并不认为家长说的是对的，也不认为这是家长反对游戏的真实原因。

对孩子来说，学习成绩的力不从心，也不见得和打游戏有关。孩子会认为，自己没有打游戏之前，成绩就不怎么样了，成绩优秀的同学都还偶尔打打游戏呢。此时如果家长继续反击：人家是人家，你是你。你能和谁谁谁比吗？那可以说是进一步戳中了孩子的雷区。

游戏的确是有魅力的，这才是很多人喜欢打游戏的原因。别说孩子了，成人也很爱打游戏。所以家长不如直率地和孩子说：你这样长时间打游戏，爸爸妈妈不喜欢。游戏就算再好玩，也要适量。

这样直率的表达，反而会让孩子慎重考虑。一是家长的表达包含了理解的部分，也包含了社会对打游戏这件事的公认的无可辩驳的准则；二是孩子天然地希望让自己的家长高兴。所以用这样分担感受的方式，沟通效果反而还能好一些。

再比如说，孩子有时候状态不佳，经常走神。或是孩子到

了叛逆期,和家人各种各样的不对付,沟通不畅。此时家长可能会遇到一点事情,就不停地追问:出了什么事了?你到底有什么不愉快的?

面对这样刨根问底的方式,幼童是说不清为什么,青少年则是根本不愿意说。他们多半就会回答:“没出什么事。”如果家长继续下结论:“不可能的,一定有什么事。”就会激发孩子更大的反弹,嫌家人麻烦,反锁自己的门等等。

作为懂得和孩子分担感受的家长,此时不如和孩子说说自己的担心,分享自己的情绪。“妈妈有点担心,我的孩子大了,但是毕竟还是没有社会经验。你不说也没关系,我们随便聊聊好吗?”

与其刨根问底,不如分享心情。如果孩子不愿意说,家长可以分享一些自己工作中遇到的困难,生活中的难题。对孩子来说,社会上的一切都是新奇的,他们会愿意听。在聆听中促进分享,有来有往,才能把沟通建立起来。

有些在学校被欺负的孩子,甚至遭受到校园暴力的孩子,也并不一定能和家长开口说这件事。

如果能够通过分享心情的方式,得到有用的信息的话,家长可以先表达理解,先告诉孩子:“你能把事情告诉我们真是太好了。我们能够理解你的心情。”

不论出于什么原因,家长先不要因为着急反而去责备孩子,诸如:“为什么不早点跟我说”,“别人欺负你,你干嘛怕他”,“是不是有什么地方你得罪了别人自己没发现”。

家长是出于对孩子的关心,是真的心里着急,但是这些带有责备语气的话语,会导致孩子认为“是自己不好”。孩子此

时本该是被保护的对象，却可能将别人的错误归因给了自己，很多孩子的自卑感就来源于此。

此时家长先要告诉孩子：我站在你的身边。

如果有些事情势必需要家长出面去和老师沟通，那么家长最好是先问一下孩子是否合适去找老师。如果孩子拒绝，家长可以告诉孩子，这是为了别的孩子考虑，应该和老师知会此事，并不只是去告状。

当家长和老师沟通这类事情的时候，如果不是必须用非常严厉的手段予以处理的事情，家长先别忙着把事情闹得太大，或激烈地责难他人。

孩子之间的矛盾不宜一下子扩大，以孩子们的年龄来说，他们的矛盾首先还是因为本身处理问题的能力不足，以及情绪管理不到位。家长可以先和老师、和对方家长交换信息，互相表达意见，再寻求进一步的解决方案，才是保护孩子的合适的方法。

孩子在成长过程中会遇到很多难以预计的挫折，进入青春期，人际关系也变得复杂，很多成年人眼里不是个事儿的事情，对孩子来说可能是很大的挫折。

孩子眼中的“事儿”和家长眼中的“事儿”，往往不是一回事。

孩子受到挫折，会向家长发出信号。这种信号在早期如果被家长忽略，或是被家长通过私下和老师沟通的方式，暗暗地解决了，孩子就不会习得任何应对能力。

等到了青春期，当他们不再什么都和家长说的时候，这种

应对能力的缺失就可能带来大麻烦。当孩子遇到人际关系的挫折，遇到学习上的困境，他们会感到伤心、失望，并且感觉到无处诉说，也无以应对。

成绩是不是足够好，是不是一个不惹麻烦的孩子，都不一定是最重要的，相比之下，应对能力才是孩子今后在社会中求生存、谋发展的重要基石。应对能力，是为了摆脱困难能找到的各种方法，能自行决定怎么做，并付诸行动，为结果去承担责任的一种能力。它也是孩子形成抗逆力的重要能力。

孩子一路成长的过程中，有失败再正常不过了。对孩子的教育本身就是一个不断失败的过程，家长本身也会经历不断的失败，然后不断地学习和调整策略。要敢于和孩子说："我们错怪你了"，"我们这件事情没做好"，"我们也正在努力了解你"，"我们也在学习如何成为很厉害的家长"……让孩子看到家长如何调整自己的失败，是最好的培养抗逆力的言传身教。

和孩子分担内心的感受，帮助孩子建立不怕失败的规则意识，无数次去面对自己和孩子的一个个小失败，并且逐渐能够用自己的行动处理失败，才是让孩子不怕失败，逐渐自立的过程。

第三章

帮孩子建立不怕失败的规则

DI SAN ZHANG

没有失败的孩子，只有失败的事情

平时我们工作时常说“对事不对人”，因此即使是面对平时相处起来并不愉快的同事，只要工作目标一致，也可以进行分工合作。

但是在面对自己孩子的时候，我们却容易将一切问题进行定性，而且是快速的、情绪化的、仅凭主观的定性：这是成功的孩子，这是失败的孩子，这是聪明的孩子，这是有点笨的孩子。

当孩子数学算得慢的时候，家长不自觉地就会认为孩子的逻辑能力可能不行；

当孩子做事情没有耐心的时候，家长忍不住就会和孩子说：都是因为你性子太急，怪谁呢；

当孩子对目标没有执着之心，得过且过的时候，家长忍不住会埋怨孩子：你真是太没志气了。

诸如此类判断，都是对孩子的人格做出了一个判断，而不是对当下的状况和某件事情做出的判断。幼小的孩子对这些人格化的判断却可能会深信不疑。

没有失败的孩子，只有失败的事情，这是需要灌输给孩子

的一个理念、一种规则。面对孩子不擅长的任何事情的时候，要让孩子思考怎样做才不会失败，鼓励孩子有自己的思考空间和提出应对方案的勇气。

将失败的事情和失败的孩子紧密联系起来，批评孩子的人格，会让孩子被这个“人格定义”的框框给套住，变得自我认同感缺失，变得消沉——反正我逻辑能力不行；反正我总是性子太急；反正我就是个没有志气的人。

诸如这些问题，如果要让孩子去着手改善，家长不如直接给出一些比较具体的要求：

你需要加强逻辑能力的练习，这些是我给你找来的一些练习题，你可以看一下自行定一个学习计划给我看看，好吗？

做事情不需要着急，这一段曲子你耐心弹奏五遍，我给你做记录，你会发现一共只需要五分钟。我们可以测试一下，专注地坚持五分钟，可以带来多大的改变。

如果要帮助孩子建立目标感，不如找个好天气的周末，带着孩子去远足，定下一个小的步行目标。然后沿途可以问问孩子：平时做什么事最开心？对这件事有没有什么目标？不如先把一个大的目标拆分成若干小目标可好？

很多时候，家长之所以无法对孩子做到“对事不对人”地提出要求，归根结底是因为家长太过重视这件事，比如孩子的学习。而孩子又无法很快地达到家长的要求，于是对“事情”的要求转变成为对“人”的责备。

但家长忽略的是，其实孩子的天性就是去做让家长开心

的事情。一件事情家长给孩子越多的正面激励,孩子越愿意去做,并努力做好。反之,如果一件事情导致孩子总是被家长责备,孩子就会本能地逃避和拒绝这件事。

这就造成了“家长越辅导,孩子越厌学”的现象,就像网上段子所写的那样:不写作业,母慈子孝,连搂带抱。一写作业,鸡飞狗跳,呜嗷喊叫,让老人血压升高,让邻居不能睡觉。

孩子对于不断地被自己最亲近的人所惩罚和否定的事情,当然越来越讨厌。他们又很难解释清楚自己为何讨厌,于是干脆就选择逃避。而他们逃避的态度则有可能进一步激怒家长,家长最终认定孩子“不是读书的料”,“不是能成大器的性格”,而这在孩子看来,就是把自己归于“失败者”的行列。

事实上,家长朋友们有时候不如反其道行之,说不定反而能收获一些惊喜。以学习为例,如果家长看到孩子正在学习,那么不论成果,先表达对孩子肯定:最近学习的难度提升不小,看得出来你在努力适应。当孩子学习不顺利的时候,则先表示理解:看来之前的学习基础比较薄弱,要迎头赶上确实有一定的难度。

针对重要的事情,只有给孩子更多的正面激励,把一时的成功失败与“人”的性格脾气切分开来,孩子才不会轻率地将自己定义在“失败者”的角色之中,转而将注意力放在事情本身上面,去寻求改善的方案。

家长另一种将孩子定义为“失败者”的行为就是,拿别的孩子做比较。除了诸如“你为什么不如别人”等明显的比较以外,还有很多比较孩子的潜台词:

大家都不害怕，你也肯定能行——潜台词就类似于：别人都不害怕，你为什么害怕，是不是胆子太小了？

别人都那么用功，你也加把劲——潜台词就类似于：你要么一点也不用功，要么就是用功了也没什么用，看上去不如别人呢。

这些潜台词形式的比较偶然说一下并无大碍，但如果时常被家长挂在嘴边，这种潜台词类型的定义就可能会被孩子错误地固化下来。

没有失败的孩子，只有失败的事情，这个规则的另一层含义就是：孩子应该和自己比。只要孩子比上一次更有勇气去尝试，比前一天更用功、专注了一些，在当下就是成功的。即使只是这样很小的鼓励，对孩子也会很有帮助。

过程比结果更重要

在孩子的自我价值体系中，学习成绩是极为重要的成功或失败的判断标准，也是家长和社会整体环境最主要的关注点。

学生时代孩子需要面对大大小小的考试、考级、测验、比赛，有合格的，当然也有失利的。有些考试或比赛的结果甚至并不完全和实力相关。没有考好的情况下，有的孩子觉得无所谓，有的则觉得沮丧失望。那么家长该怎样做呢？

同理心比较欠缺的家长可能会说：我可是对你充满了期待，现在都没脸见朋友了。这是属于特别负面的表述。也有些家长其实是想安慰孩子，但表述方式却未必科学。比如他们可能会说：别总是闷闷不乐，那是没办法的事情。而这样说则可能让孩子觉得自己闷闷不乐是不应该的。

还有的家长会说一些“万金油”式的安慰的话：我们永远相信你，你也要永远相信你自己。然而如果孩子已经处于不自信的状态下，这种“安慰”的话不仅无法安慰孩子，还可能让孩子更加惶恐，更加害怕失败，因为他并不相信他自己，而家长的“相信”反而让他找不到沟通的方法和情绪的出口。没有

任何依据的“相信”附带着一种家长不打算多花时间去沟通的敷衍感。

面对暂时不利的学习结果,家长还是应该对已经发生事件的过程中值得肯定的部分给予肯定,这才是更为积极的方式。

平时不认真学习的孩子,考试成绩自然不会好到哪里去。此时对家长来说,重要的是如何先激发孩子学习的兴趣和决心。

但是很多时候,孩子似乎比以前努力了,也付出了更多的时间和精力,但成绩依然不尽如人意。这种情况更容易在高年级的孩子身上出现,随着学习难度的提升,周围同学对学习重要性的认知的提高,以及竞争的加剧,很多孩子的学习会变得越来越困难。孩子努力了,但是成绩的排名却不升反降。

站在家长的角度来看,高年级孩子的学习成绩经常都在分水岭上,向前一步就可以获得更好的教育平台,退后一步就可能节节败退。在这样的情况下,家长不可能对孩子的学习状况不闻不问。

很多家长会告诉孩子:不要觉得自己努力了,要知道你在努力的时候,别人比你更努力。

或是说:你的成绩已经这样了,再不努力,要变成最后一名了。

这些话或许没错,但是却不一定说在时机正确的时候。如果对于孩子已经付出的努力不给予认可,如果将当下的失

败完全与努力的程度去挂钩,则很容易给孩子带来更大的挫败感。当孩子害怕失败从而回避学习问题的时候,家长再去劝说孩子,甚至亲自上场督学,都或许只能得到孩子的消极应对。

于是家长可能将战火升级,责骂和质问孩子:学习到底是为了谁好?为什么我们为你付出这么多,你还对学习不上心?如果遇到乖巧的孩子,可能会马马虎虎应付一下家长,然后以上现象周而复始,直到家长彻底失望。如果遇到叛逆一些的孩子,就会直接和家长大闹脾气,拒绝沟通。

在学习问题上,尽管大环境都是以结果为衡量准则的,但就家长和孩子的沟通来说,过程比结果更重要。低年级的孩子判断能力不足,并且受家长的影响程度较深,家长只需要不断地认可孩子所付出的努力,鼓励孩子更多地做出尝试,为孩子制定计划并监督实施,就可以起到不错的效果。

而中高年级的孩子对于自己究竟付出了多少努力,取得了怎样的成绩,其实是有清晰的认知的。家长所需要做的不是老生常谈地揪着结果进行责备,而是耐心地观察孩子,抓住切实有意义的事件给予肯定,然后再把不足的地方提一下,激发孩子的好胜心。

比如说:我观察到你这部分题目都没有出错,相关的练习也做了一些。老师给我的反馈也是这样,你的数感等方面都不错,就是对应用题的理解能力还不足。现在这样的成绩其实没有完全反映出你的水平和能力。我感觉是有些遗憾的,你觉得呢?

对于叛逆感和逃避感比较重的孩子，家长可以带上孩子去吃顿他喜欢的，或是在家里烧几个他爱吃的菜，总之营造一个好的氛围，以平等客观的方式和孩子去沟通这个问题。在沟通过程中寻找孩子的闪光点，而不仅仅是围绕着结果施加压力。

还有些孩子偏科，那么家长可以引导孩子将他自己成功的经验复制过去。比如，偏理科的孩子将逻辑能力应用到文科上面，偏文科的孩子将理解能力应用到理科上面。如果孩子只喜欢某一类事情，那么只要孩子擅长的事情是有益的，家长也可以寻找突破口，或者找到这件事情在社会上的职业定位，这样也可能帮助孩子获得更为长远的成功。

比起轻易的好或坏的结果，连续失败后的成功对心理成长很有益，因为孩子通过自己的努力和方法，找到了成功的道路。站在孩子的立场上，即使是非常叛逆的孩子，他也或多或少在某些时刻，不论在心态上还是实际行动上，有过做出改变的努力。只不过这样的努力是否被家人、老师所发现和看见，却不一定。

为了实现理想的目标所做出的转变本身一定是值得鼓励和认可的，而结果却和许多的不可控因素有关，而且学习的事情只有日积月累才能看到持续的结果，不能指望一朝一夕就产生重大改变。孩子起码需要一个量变到质变的过程，但是却可能在积累“量”的过程中没有得到认可和鼓励，因为挫败感而过早地、轻易地放弃了。

结果不尽如人意的时候，更要认可努力的重要性。如果

能帮助孩子找到原因和方法,那是最好;或至少要认可孩子的付出,哪怕一开始只是孩子心态上的一些转变。帮助孩子在面对失败时,能够客观看待自己的能力和努力的程度,鼓励孩子思考可以使力的方向。可以请教老师,帮助孩子确定合理的目标,从而家校配合,得以因材施教。

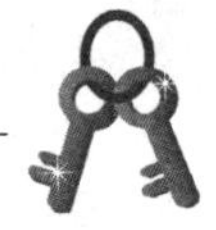

结果和责任都需要孩子自己承担

学习并不是给孩子带来挫败感的唯一来源，随着年龄的增加，孩子会面对的失败可能是大大小小、方方面面的。比如说处理人际关系，这是孩子长大形成独立人格所必经的挑战。还有很多小事情，在家长看来不重要的事情，在孩子看来却可能是天塌下来的重大失败。

失败是非常重要的体验，人不是通过讲道理来成长的，而是通过亲身体验、切身体会来获得认知的提升。体会到失败，然后进行自我调整和修复的经验是成长过程中宝贵的财富。

要培养不怕失败的孩子，首先要让孩子理解：任何失败、挫折都不是终生的。不是让孩子就当失败没有发生过，而是体会失败的感受，接受失败的结果，并承担应负起的责任。

比起孩子来，因为家长有丰富的经验，掌握更多的知识和信息，所以在孩子失败时，很多家长会习惯直接说：你只需要这样做就行了。

但是孩子遭遇失败的时候，正是让孩子自己去思考“应该怎样做”的最佳时机。家长可以提供自己的认知经验和掌握的信息，作为孩子思考的资料，让孩子选择，而未必直接提供

结论。“我觉得还有这样一种办法，你要不要考虑一下呢”，诸如这样的提问和回答就是给了孩子锻炼的机会。

在孩子很小的时候，就可以在很多小事情上开始培养孩子面对结果、承担责任的习惯。

比如小孩子总是把东西乱扔，房间弄得杂乱无章，老母亲一边整理一边生气：你看你又把房间搞得一团糟，课本呢？练习卷不是应该都整理在一起的吗？怎么少了一张？你自己为什么就从来管不好这些事情？

如果真的找不到课本，孩子自己会着急吗？如果发现练习卷少了一张，孩子会不会一筹莫展？其实孩子是会的，只是因为家长包办了一切，所以孩子慢慢地就觉得没必要自己紧张了。等孩子年龄大一些，反而会认为自己的房间怎样摆放是自己的自由，会认为如果要被强制按照家长规则去摆放，是对自己的一种控制。

所以在孩子幼小的时候，就可以给孩子制定一些规则，培养孩子承担责任的习惯。孩子可以有一块自己管理的区域，如果孩子把东西随意放置在公共空间，可以要求孩子立即拿回他自己的空间，因为这就是界限和规则。告知孩子，如果以后还是乱放东西在公共空间，就可能会被家长自行处理。

孩子找不到东西发愁的时候，家长可以适时地问孩子：是不是房间太乱了找不到东西了？看来要整理一下了，需要我帮忙吗？

等家长掌握了主动权，再帮孩子一边整理一边找东西，然后传授一些归整东西的方法和规则。如果孩子有自己的整理

规则，也没必要非要孩子和自己一模一样，不如把责任和权利都留给孩子。

上了学的孩子如果总是丢三落四，家长也是用同样的道理。虽然纠正起来会比学龄前困难一些，但是适当地让孩子承担压力和责任，等家长掌握主动权的时候再出手相助，让孩子充分意识到自己的责任，都是必要的。不要强迫孩子承担责任，或者简单地用奖励和惩罚或者表扬和批评来控制孩子。

孩子很小的时候，经常遇到的一种情况是，在外面捣蛋了、闯祸了，家长要求孩子说“对不起”。有的孩子比较机灵，就会迅速地说“对不起”，然而他并不真心感觉到任何歉意，只是机灵地应对当下的状况而已。

还有的孩子很倔强，自己的气没理顺，意识到“对不起”是一种低头的态度，所以坚决不说。这个时候有的家长可能会先替孩子道歉；有的家长则可能当场责骂孩子，纠缠不休；还有的家长会觉得孩子根本没做错，因此反过来和发生矛盾的对方吵了起来，孩子反而没有了任何责任需要承担。

家长弄清楚事实，分清责任之后，让孩子表达合理的歉意，是应该的。这是让孩子面对结果、承担责任的重要步骤。不过让孩子道歉之前，先要让他产生想表示歉意的意愿。愿意道歉的孩子，也不代表说了“对不起”事情就结束了；不愿意道歉的孩子，家长可以先自己出面沟通化解矛盾，然后再和孩子讨论此事。

如果孩子打人了，要问一下，如果被打的是他自己，会不会疼？如果孩子抢了玩具，可以让孩子尝试感受一下自己的

玩具被别人拿走的心情。如果孩子用言语中伤了别人,也要让孩子明白他也有很多不愿意听到的言论。只有让孩子站在别人的立场上,产生同理心,才能更好地反省自己的表达方式。对幼小孩子的教育是点点滴滴积累起来的一个过程,但是他所获得的这种敢于面对结果和承担责任的习惯是受益终生的。

家长的言传身教是极为重要的,尤其对中高年级的孩子来说,有些已经固化的习惯改变起来会困难很多。如果家长总是表现出自己一定是正确的,面对失败也不需要承认错误、承担责任的话,那么孩子也就更难建立起负责任的心态。如果家长也能勇于认错,及时修正,并从中吸取教训的话,孩子也会更容易懂得如何从错误中学习,从失败中总结经验然后再次站起来。

我还清楚地记得第一次和自家宝贝说"对不起,这件事情是我做错了"的时候,孩子很惊讶的表情。因为在孩子年幼的时候,家长难免表现出自己懂得一切,能够控制一切的态度。在孩子心里,家长是无所不能,不会犯错的。然而这当然不是事实,任何人都可能会犯错,会失败,差异只在如何避免下一次错误,如何从失败中修复过来。

除此之外,小学中高年级的孩子为什么不愿意承担责任?有很大一部分原因是**他们也没有因为这些责任而获得过任何相应的权益感。他们没有感觉到自己有自我控制的权利、自我评估的能力和自我奖赏的权益。**

做错事或不做错事，都不过是多听几句或少听几句家长的唠叨，做对了也没什么成就感。

失败或不失败，对自己的评价似乎也没什么影响，反正早就认为自己没什么本事。

承担责任或不承担责任，也不代表自己能有什么收获，反正家长会为自己处理这些事情。

成年人的世界里，权责是对等的。因此成熟的、有成就的成年人承担责任是自发的。而孩子却经常生活在被高度控制的环境之中，只觉得人人都跟他说责任，却没什么人给他深层次的权益。

此处说的权益，当然不是类似于“你去做这件事，我就给你玩一个小时的游戏”这样的即时奖罚，而是给孩子一份负责任、拿主意的时间表。

如果孩子能够不再丢三落四了，就拥有了自行决定房间摆放布局的权利；

如果孩子做事有一定的条理，就可以自己决定部分自由时间的安排，决定周末的穿着；

如果孩子能够具备一定的处理社交冲突的能力，就可以自行安排聚会，家长给予配合。

结果和责任都需要孩子自己去承担。失败是一种亲身体验，是书本上学不来的东西。如此孩子可以建立起对自身各项事务的参与感，对结果的责任感，即使是面对失败也会有充分的改进的动力。

世界并不是非黑即白的

前文我们提到过，有一种完美主义的孩子，对于生活中各方面的事情有一种想百分之百地按照自己的要求去呈现的执拗的追求。

很多孩子尽管称不上有这种完美主义的人格，但或多或少会表现出这样的思维方式。

可能有些家长会说，我们家孩子已经是得过且过的了，你不给他要求严一点，他就更没有目标感了。的确，有些孩子天性粗疏，而有些孩子却容易执拗和苛求。前者需要家长激发兴趣，鼓励适当的竞争心态；后者需要家长及时疏导，平衡适当的竞争心态。

我们所说到的这种心理上的“完美主义”主要是一种思维方式，和孩子追求考试拿 100 分是两回事。前者是一种苛刻的生活态度，适用于生活的方方面面；后者只是对有标准答案可遵循的学业成绩的追求。

这种思维方式真正的伤害在于，会让孩子认为世界是非黑即白的，事情只有好坏之分。

完美主义的孩子做事只有成功和失败之分，很难找到中

间状态，也很难关注自己通过尝试得到了哪些能力上的提高。他们会为了自己认为的不够成功的状态而感到焦虑。

他们与人竞争也只有你输我赢之分。就像小孩子玩石头剪刀布，只会强调：你输了，我赢了。他们心中有一种竞技体育的残酷感——只能有一个最终站上领奖台的人是成功的，其他即便是极具天赋的运动员都会倒在走上领奖台之前，所以这些运动员都是失败的。

而且他们不允许自己犯错，也不认同自己有长期应对失败的可能。犯错会让这样的孩子感到烦躁不安，继而更糟糕的是，从此他们会避免做这件事，因为尝试一件事本身就意味着可能的失败和不完美。

他们还会有一种灾难化的思维演进模式。比如：今天我没有按照要求穿搭校服，到时候我会显得很显眼，我可能会被人嘲笑，这样的感觉真的很差劲。体育课的时候，或许我会被排挤坐在一边，午餐的时候没人跟我一起坐，坐校车的时候也没人会跟我一起走了。这会是极为糟糕的一天。我不想去上学。

对这样的思维方式，家长需要尽早发现并干预，因为这种思维方式并不会促使孩子严格对待自己，而是让孩子不敢再去尝试。因为在这样的孩子眼中，这些事情已经是不好的事情了，因此他们不再去做。即使引导孩子去寻找事件过程中的快乐，也会很难。所以，首先还是先让孩子放松下来，和孩子沟通，尝试缩小一件事情不顺利的事态范围，正视初始的问题，针对最初那个很小的问题想出对策。后文我们会详谈这

一点。

世事无常。好天气、坏天气；遇到好的人，遇到合不来的人；令人向往的活动，让人感到无聊的社交。如果一切都需要很完美，就会让失望和沮丧发生在生活中的每一天，一分一秒都不能避免。

这就是为什么有的孩子很优秀，或至少是在某些方面很优秀，但他们却总觉得一切都不够令人满意。

有些孩子则是一路优秀着考入好大学，然后心态就崩塌了。他们把高考作为一个里程碑，一直在支撑着自己，等他们终于“跨过了”这道坎，他们就开始放弃了，放弃学习，甚至放弃生活的信念感。

不仅仅是孩子，很多人心里都住着一个完美先生，完美先生并不会帮助我们变得更完美，反而会在心里制造很多个窟窿，让人们永远得不到满足。要帮助孩子、帮助自己将控制权从完美先生那里夺回来，制定自己的标准：应对事情具备灵活性，对事件重要程度进行梳理，对自己的应对速度进行合理规划。

与其追求完美主义，不如追求一个自得的状态，把错误、失败、不合心意的事情当作一次学习的机会。

对自己满意，并不是因为自己完美而满意，而是指面对失败的自己，不顺利的自己，也能够接纳、理解，并试图改善，这才是一个不怕失败的人的思维逻辑方式。

做理智的成功者或输家

人们努力去获得成功，成功之后，能力变强了，于是进入了更高等级的赛场，于是再次经历拼搏。再次成功之后再次升级。这样的一个奋斗金字塔的结构，决定了越成功的人越必然要经历失败。

就像前文提到的那样，越是学业成绩优秀的孩子越会不断地经历更为激烈的竞争，因为他们在学业生涯中，永远会走向更激烈的竞争赛道。

“篮球飞人”迈克尔·乔丹说过：在我的职业生涯中，我有9 000多次投篮没中，输了300多场比赛。曾经有26场比赛，因为大家信任我而让我去投中最关键的一球，从而让球队赢得比赛，但是我没有做到。我经历了一次又一次的失败，这才是我成功的原因。

真正成功的人并不总是能够体验成功，反而是不断地体验失败，而且始终都能客观地、理智地看待自己的成功和失败，能够在失败中找到经验、教训和勇气，从而不再害怕失败。

很多孩子遭遇挫折的时候，可能沉迷于失败之中，或许会找个空洞的原因，却不一定有能力可以将失败这件事剖析到

具体的方方面面。很多孩子成功的时候，也可能会陶醉于成功，一个暂时的好结果足以鼓舞他们一段时间，但孩子很难去剖析成功的过程。不过，就像前文说到的那样，成功如果来得莫名其妙，失败也会突如其来。

如何帮助孩子成为一个理智的成功者或输家呢？

一个理智的成功者或输家会不断地讨论成功与失败。成功时，总结成功的原因，关心其他人的失败，评估自己，确立新的目标，找出成功和失败的因素。

今天的对手怎么样？赢下来很不容易吧？

这么厉害的对手，即使输了也值得尊重。

赢了可不能得意洋洋的，比赛有输有赢很正常的。

重来一次还能赢吗？还有哪些地方需要改进吗？

今天比赛最顺利的和最不顺利的地方是什么呢？

失败的时候，就更需要和孩子情绪平和地讨论失败。

第一步也是最重要的，还是理解孩子。成年人遭遇的失败、生活中遇到的困难，都可以和孩子适当分享。不用担心孩子听不懂，他们也有基本的理解能力。或是家长也可以分享自己学习时遇到的糗事。当家长分享自己的经验和观察的时候，和孩子的距离会拉近，能够和孩子做进一步的深度交谈。因为在经历失败的时候，孩子难免感受到失望和沮丧，安抚情绪才能达成有效的沟通。

有些家长本身的境遇并不好，如果经常说“我们没什么本事，你可不能学我们”诸如此类的话，一开始或许有些悲情作

用,时间久了却会损伤家长的权威,也没有任何建设性,反而会让孩子觉得有什么事还是别和家长说了,说了反而添乱。如此家长也就失去了和孩子深度交流的机会,最重要的是失去了帮助孩子缓解压力的机会。

太多的家长会认为孩子能经历些什么事情？无非就是学习考试,打打闹闹。跟自己在社会上辛苦工作赚钱养家相比,根本不值一提。他们忽略了孩子的心理强大程度、心理调适能力以及对社会环境、人际关系的理解能力都是和成年人不同的。成年人也不是一朝一夕变得内心强大起来的,也是在社会上摸爬滚打,跌过很多次跟头才强大了起来。

第二步,可以和孩子讨论对这件事的期望。

并不只是和孩子空洞地说：这事情其实也不是很重要,没关系没关系。因为孩子心里可能就是觉得这是重要的,不然他的沮丧和失望的情绪从哪里来的呢？

可以问孩子：一开始是怎么打算的呢？对于这件事情,自己觉得大概能做到什么程度？是什么因素阻碍了自己达成最初的期望值呢？如果一开始对自己的定位并不准确,是不是需要调整一下目标？

第三步,就可以和孩子一起确定此次失败的价值所在了。找出这件事失败的部分,同时也找出其中做得比较好的部分。哪里做得好,哪里还不够。重新来一次的话,大概哪里还能提高一下？有什么需要我们帮助的吗？

参与一件事情,对孩子来说,当然会有不少隐藏的价值存在,比如孩子获得的经验,交到的朋友,见过的世面,磨炼的心志,这些是家长们需要帮助孩子去发现和认知的。让孩子成

为不怕失败的人，所以更要去细致地分析体验每一次失败，肯定参与的价值，而决不能让孩子去否定自己的尝试。

最后可以鼓励孩子换位思考，成功的时候用同理心思考失败者的感受，失败的时候也没必要将自己放置在受伤者的角色中，而是坦然的、理智地面对这些，永远乐观地面对下阶段的人生赛程。

不要让大过失掩盖小过失

当孩子认为自己无法面对过失的时候,会有一种心理:拿更大的过失去掩盖小的那个。就像前文朋友家亲戚的孩子那样,用不去上学来应对一切。但回顾整件事情的起因,根本就不是什么大事。

平时家长遇到过的最典型的例子就是,眼看着迟到了,就说索性不去学校了。或者知道今天在学校可能有自己觉得难以应对的事情,就“头疼脑热”了起来——我肚子疼,我好像发烧了,能不能不去学校?可不可以向老师请假?真的生病了当然可以请假,但有些时候家长是知道孩子没有生病的。

低年龄段的孩子比较容易管教,家长坚决拒绝,孩子也没办法。碰到叛逆期的大孩子,就要让家长头痛了。如果孩子坚持不去,家长又担心影响孩子在学校的品行评价,偶尔不得不帮孩子请假。帮着孩子说谎不好,逼迫孩子也不行。一次这样,又可能还会有下一次,重复这种状况,很容易再难挽回正常的上学状态。

家长可以考虑先用温和的方式点破孩子的心理:你现在

其实是打算拿个大过错掩盖小过失。你看我帮你一次，后面还是需要你自己面对。现在不过是面对一件小事，如果逃避，到时候要面对大一点的问题，反而更麻烦。倒不如看看我有没有可能协助你去面对那个小的麻烦。

或者告诉孩子，如果一定要请假，需要你自己和老师沟通可以吗？我会帮你打电话或者发微信，你自己说明一下情况，如何？

今天如果确实状态很差，请假一天的话，你能答应明天就开始恢复正常吗？可以把今天的打算安排告诉我吗？

总之对家长来说，不能只是允许一个"去"或"不去"的结果，而是要让孩子真正参与到自己的学习和生活中去，为自己做出决策，为自己改善境遇，为自己解决问题，加入到承担这件事的过程中来。

孩子对自己的学习、生活乃至人生必须具备承诺感和责任感。偶尔一天去没去学校不要紧，但是如果失去了对自己人生规划的信念感，用大过失掩盖了小过失，继而感觉到自己的目标、成败以及整个生活其实和自己没多大关系，那就是造成了很大的问题了。

如果孩子真的用大过失掩盖了一次小过失，比如没去学校，比如用撒谎掩盖自己的成绩等等，家长也不要急着跳脚责备，而是可以平静地和孩子讨论一下：

说了谎话的感觉怎样？担心我发现吗？

在家玩了一天，看起来好像不错，可如果总是这样的话，没有朋友，没有目标，真的会好吗？

今天已经过去了,我们一起考虑一下明后天可能面对的情况好吗?有什么需要我协助的吗?

让孩子参与自己的生活决策,负起责任:迟到的责任,说谎的责任,如何安排自己这一天时间的责任,以及安排好后面每一天的责任。

如果孩子已经面对较为困难的境地,那就需要帮助孩子渡过难关,而不能让孩子独自面对在他的年龄无法克服的困难,不管不问地认为,孩子的事情让他自己去解决。

就像那个朋友亲戚家的孩子所遇到的状况,已经不是他可以独自去解决的了。在第一时间,他的妈妈不仅应该帮他退掉预收的演唱会票款,还应该带他去学校解释一下,整件事情的责任应该是自己和孩子共同承担的,是自己疏忽了,没有和孩子就这件事情做清晰的沟通。可以让孩子请同学们吃个饭,帮助孩子修复关系,找回孩子的颜面。

这样一件事情,起因是小事,但是就人际关系上对孩子形成的压力来说,却绝不是小事。家长不仅需要协助孩子处理问题,更要教会孩子,如何应对一件对孩子来说极为复杂的人际关系事件。家长可以回溯问题,将解决问题的抓手聚焦在最初的"小事"上;教孩子如何弥补情感上的裂痕,并且诚恳坦荡地面对他人,修复自己的人际关系。

最初的小事,只是因为同学们拜托他去买票。没买到票就赶紧及时退钱,造成的误会赶紧解释清楚,因为沟通的失误就用请客吃饭表达歉意。让孩子明白,解决这件"小事",就能基本解决整件事情。尽管发生过的事情并不能忘却,但也提

供了一个机会去和家长共同解决一个问题，也可能因为一件误会反而和同学们拉近了距离。如果像这个案例中的孩子那样，不肯再去上学，那就是将小事扩大为一件彻底的大事了。

孩子在人际关系上遭受挫折，很可能比学业上面对困难更需要家长的帮助。学业上的困难有老师的帮助，有课外班和辅导班可以补习，甚至可以重新进行学业规划，制定合适自己的目标；但是人际关系上的挫折却可能是除了家长以外，再也没有人可以帮助孩子的。

孩子面对的人际关系对象基本也是孩子，这些孩子们也都并不成熟，他们对于社会环境中如何正常处理人际冲突的规则不够了解，很容易在冲突中造成双输的局面。因此家长需要协助孩子解决重大的人际关系问题，培养孩子在人际关系中的抗逆力。

培养人际关系中的抗逆力

随着孩子的成长，很快他们就会遇到大量的人际关系问题，那些人际关系不再是幼儿园时期的抢玩具或互相推搡哭闹，而是转变成为真实的能够给孩子带来压力，带来挫败感的事件，而这些事件往往比单纯的学习本身带给孩子的挫折感更大，并且更容易被家长所忽略。就像孩子不能理解成年人工作的烦恼和财务规划的烦恼，成年人也很容易忽略孩子在人际关系上遇到的困难。

孩子最常碰到的人际关系挫折有哪些呢？

首先面临的问题就是交朋友的问题。比如说孩子到了一个新的地方，面对陌生的环境以及比较固化的友情圈，没有聊天的固定伙伴，腼腆的孩子可能就会遇到交朋友的困难，心思细腻的孩子则觉得内心缺乏依靠。这个情况下，不如鼓励孩子先和坐在周边的同学交流，寻找最合得来的同学请教问题，再慢慢扩大自己的人际圈。

在交朋友方面，孩子更容易遇到的问题是，如何鉴别朋友，如何管理冲突。

小时候，孩子有时会遇到一些“坏心眼”的伙伴。管闲事的小伙伴、脾气大的小伙伴、喜欢告状揭发的小伙伴……孩子大了以后，还可能遇到在真正意义上欺负人的同学，甚至是校园霸凌。

现在的孩子很早熟，小学低年级已经有不少小心思，到了高年级，更是“心眼”不少了。比如说学生干部选举，有些孩子就更懂得利用规则打擦边球，有些孩子则一团孩子气，同样的年纪差别却着实不小。

孩子们有时候会面对同学之间各式各样的竞争关系，比如，有且仅有一个表现的机会，让同学们推选。如果孩子觉得自己很擅长这件事，却未能获得其他同学足够的支持，尤其自己的朋友并没有支持自己的时候，他们会感觉到非常沮丧。

孩子年龄较小的时候，就可以让他明白，所谓“坏心眼”的朋友，大多只是合不来的人。我们也很难做到让所有人都喜欢自己。

为什么我和他关系很好，他却背后说我坏话呢？

为什么他们不带我一起玩呢？

为什么我从来没得罪过他，他会去告我的状呢？

我们生活中以后会遇到很多这样的情况，对于其中没有恶意的“坏心眼”，只需要理解为性格差异，让孩子早点识别、早点接纳，也就可以早点形成抗逆力。

有这样一个通用的心理学统计：在这个世上，**不需要你特别努力就可以彼此成为朋友的人，大概十个里面有两个，自己无论怎么努力都合不来的有一个，剩下的七个，取决于自己的态度，取决于是否具有共同的目标和价值观。**因此人缘再好

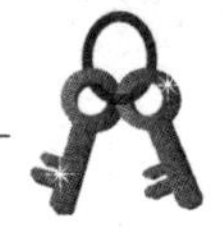

的人也不可能得到所有人的喜欢。

孩子感觉到被背叛，当然会不好受。家长可以和孩子沟通，给孩子一些建议：还打算和对方继续做朋友吗？如果仍然珍惜这段友情的话，是否需要明确告诉朋友自己的心情呢？如果有误会就可以消除。或者也可能自己有言语伤害过对方的时候，只要拿出勇气来坦率地去沟通，就是给双方的友谊一个机会。

或者让孩子暂时和朋友保持距离，经过观察再做决定。年幼的孩子在人际交往方面变化很快，今天闹翻天明天就可能又亲亲热热。对年长一些的孩子来说，实在合不来的朋友逐渐疏远即可。

与此同时，要让孩子学会分辨朋友，待自己不真诚的朋友逐渐疏远，对待自己真诚的朋友则要好好珍惜，不能仅仅因为别人是否顺自己心意而选择和他交朋友。

很多孩子与朋友“绝交”可能只是因为对方说了些自己不爱听的话，或是在公开场合反驳了自己的某个观点。要让孩子明白，争执不是因为“谁对谁错”，而是“想法不同”的问题 。并不需要因为和朋友有争执或意见不一致而备受打击。懂得求同存异，是避免巨婴思维的重要准则。

比如说，孩子在学校担任小干部，想要动员同学们一起参加活动，但却应者寥寥。自己的朋友也提出了活动组织上面存在的一些问题。有的孩子就会因为和朋友想法不同，或是朋友没有顺着自己而感到闷闷不乐。

在孩子的心里可能会觉得朋友就该无条件地支持自己。然而人们在社会上的大多数人际关系都是有条件的,甚至家人之间的感情也是有基本的价值观条件的。

应该鼓励孩子去和不同意见的人沟通,冷静地意识到别人的想法和自己的不同之处,然后才能求同存异。这是培养人际抗逆力的重要举措。

在沟通未能见效的情况下,要避免和朋友无休止的争论。少量争论有益身心和互相理解,过多的争论就会伤感情了。Agree your disagree(同意你的“不同意”),是一种非常重要的能力。

如果只是意见不同,可以教导孩子,你有自己的想法很好,你的朋友直率地跟你分享不同意见也很不错。如果不是重大的价值观差异的问题,你的朋友也并没有背后恶意议论此事,而是坦诚、平和地和你沟通的话,那么说明这个朋友还是很值得继续交往的。

鼓励孩子去自行解决人际冲突并不容易,但却会非常锻炼人。即使很多孩子抗拒这些理性的处理方式,只要让孩子明白人际交往的多变和复杂性,也会增强孩子在这方面的抗逆力。

但也有些情况下,家长不能指望孩子独自去处理某些人际冲突,比如孩子无法挽回的面子,没有能力解决的问题,还有更为严重的一种情况是,孩子真的遭受到了具有真实的“恶意”的恶作剧,甚至是校园霸凌。

小朋友们之间常有恶作剧,有些无伤大雅,有些却是恶意

欺负。

比如藏起同学的不紧要的画，某个文具，开个玩笑，算是恶作剧。如果明知老师马上要检查的作业，却藏起来，并且当同学被老师责备时也不肯主动承认，那就是恶意欺负了。如果藏起同学的衣服，导致同学着凉，甚至衣冠不整，这些都是需要严肃对待的。

一般来说，校园霸凌的界限在于，被霸凌对象的感受究竟是怎样的。如果受伤害的孩子真实地感受到了恶意，并对这种恶意产生恐惧感的话，那么就已经构成了霸凌。

如果发生了恶作剧，孩子可能会回家和家长说，假如孩子说自己会处理，家长可以密切观察，耐心等待。孩子可以解决，就尽量鼓励孩子自行处理，解决方法有不足，就共同讨论如何能做得更好。

如果孩子遭遇的确实是恶意欺负，那就不是孩子自己可以处理的问题了。家长需要及时发现这种问题，早日介入才行。当然整个过程可以和孩子充分沟通，让他意识到问题所在，在问题的解决过程中，理清前因后果并勇敢面对。

如果孩子被言语暴力伤害，甚至冤枉诋毁，则可以鼓励孩子公开地予以还击。但最好不是在孩子情绪激动表述不清的情况下，而是应该教会孩子梳理清楚一件事情的前因后果，然后找个合适的机会堂堂正正地宣告。

从小鼓励孩子可以情绪平和地大声说出自己的不满，任何时候感觉到被冒犯都可以层层递进地表达：温和地劝告、严厉地制止，大声地宣告不满，告知家长和老师。

教导自己的孩子掌握开玩笑的尺度。**开玩笑的尺度在于，被开玩笑的对象也觉得好笑或至少没有被冒犯的感受，而不是以开玩笑的人以及围观者觉得是否好笑为标准。**

然而就校园霸凌的事情本身来说，施受双方都可能存在较为复杂的情况。比如说，孩子们存在弱者欺弱的情况。也就是施暴者同时也是在家庭和生活环境中被暴力实施的对象。还有些孩子就算被欺负了，也不懂得总结和表达，或者他们本身就生活在家长高度控制的一个环境下，已经将很多施加在自己身上的不合理行为视为理所当然，甚至并不会去求告于师长。还有一些孩子本身就处于无人细致照看的状态，或是家长也是较为软弱的性格，根本无法为孩子提供有效的帮助。

针对这些情况都需要具体问题具体分析，好在整个社会的大环境已经越来越重视这样的社会问题。在教育和社会规范方面都正在落实相关的保护措施。在这里，给家长的一点小建议就是：

对孩子来说，校园霸凌的施受双方都可能遭受到人际关系的重大挫折，给孩子形成的挫败感是很难修复的。就像行文至此经常老生常谈的那样，从小培养孩子的同理心，懂得感受他人的情绪，正确表达自己的情绪。从小培养孩子的独立自主的意识，拒绝任何施加在自己身上的恶意行为，让孩子懂得如何寻求公开渠道的帮助，而不是结成小团体去依靠和对抗。

在必要的情况下，留存一些证据，寻求协助。学校、老师、

警署、社交媒体，在当下的信息化的社会环境中，如果坚决为自己有理有据地发声，还是有很大的机会获得关注和帮助的。切忌让自己和家人成为忍气吞声，最后又可能忍无可忍甚至反过来施加暴力的人。

那么如果我们的孩子是校园事件的旁观者怎么办呢？当我们平时教导孩子要具备同理心的时候，却又忍不住会告诉孩子不要惹麻烦，不要管闲事，一定要躲避风险。为人家长既希望孩子能够有爱心懂得帮助人，又担心他们不懂得帮助的边界在哪里，没有办法好好保护自己。

让孩子懂得帮助别人，本身必然是好的。孩子在帮助别人的时候所能够获得的自我认同感和社会价值感都是形成他的社会抗逆力的重要组成部分。通过帮助别人不仅仅能够让孩子积累人脉，能够获得一方有难八方支援的相助，而且懂得帮助别人的孩子，才是遇到困难的时候懂得求助的孩子，不至于被困难击败的孩子。

家长需要做的是帮助孩子建立帮助的边界和风险。哪些事情是可以即时帮助的；哪些事情你当下做不了主，需要回家跟家长沟通了才能允诺；哪些事情是自己很难插手的，必须及时通知学校和其他相关责任人。什么样的情况是不能轻易帮助的，什么样的纠纷不应该随意牵扯其中，什么样的风险是必须立即予以防范的。

而这些都需要家长和孩子有一个非常好的沟通的环境，然后发挥家长的影响力，通过点点滴滴交流沟通才能起效，指望一股脑儿地灌输给孩子，恐怕效果就会不尽如人意。

总之，培养孩子的人际关系抗逆力是一个重要课题。现在的社会环境下，很多家庭的孩子都是“小公主”和“小王子”，事情进展不顺利时，就习惯把责任推给别人。因为大家都以自我为中心，所以孩子之间各种纠纷层出不穷，很多事情看似小事，却可能对孩子产生重大的打击。要培养孩子成为不怕失败的人，不能唯学习至上，人际关系中隐藏的问题不可忽视。

帮助孩子将问题具体化

孩子的认知是比较笼统的，而且很容易受情绪所驱使。但孩子又有着非常天然的观察力和领悟力，所以很多家长以为孩子不懂的事情，却发现孩子搞得明明白白的；有些事情家长认为孩子作为亲历者能够讲明白，孩子却又讲得含糊笼统，没有重点。孩子对一件事情的判断，经常缺少的是一个理性分析与思考的过程，因为他们还比较缺乏大的逻辑思维能力和综合社会规则、人际关系经验的思考分析能力。

所以面对孩子的人际关系矛盾、学习问题等，家长第一步是需要安抚孩子的情绪，先达到畅通的沟通状态，然后就需要帮助孩子一起梳理事情的逻辑，将问题具体化。

帮助孩子将问题具体化，既能够帮助孩子找到眼前的应对方案，又能够让孩子感受到，再麻烦的事情都可以被缩小化地聚焦。

举个简单的例子，孩子说："我不要做这件事了。"

家长可能就会追问："为什么？"

但是孩子却没有足够的语言组织能力去解释清楚为什

么，或许会回答："就是不想学了。"

家长进一步说："总得有个理由吧！"

孩子可能就会答复："因为不好玩。"

如此就可能引发家长的怒火。为了让孩子学一门兴趣爱好，不仅要付出金钱，还需要付出大量的精力，接送、陪读，样样都不省心，孩子一句"不好玩"就放弃了，怎能让家长不生气呢？

更何况，如果让孩子轻易地就放弃一件学了很久的爱好，会不会让孩子认为自己不需要付出努力去坚持做好一件事呢？这样岂不更和家长想要培养不怕失败的孩子的目标背道而驰吗？

这个时候家长就需要为孩子将问题具体化。以很多孩子学钢琴为例，家长可以问孩子：

每次还作业有压力吗？曲子能不能弹得出来？乐理能不能明白？

有没有和老师表达过自己的困难？老师的态度是怎样的？

练习一首曲子是不是很辛苦，大概每天需要花多少时间？

看到别的孩子能够流畅地演奏曲目，并且可以有自己的小小创作，是否羡慕呢？

如果要保留至少一样兴趣爱好，你打算保留哪一样？

在帮助孩子将问题具体化的过程中，家长对孩子的学习状况可以有一个更清晰的认知，孩子想要放弃，究竟是因为太难了，老师太凶了，别的小朋友的水平太高了，还是的确课业太重已经根本没有时间练习了。需要明确真实的原因，才好

去想下一步的方案。

家长还可以和孩子就这个事情做一些展望：

目前哪些部分学起来比较开心？

你觉得哪些地方是最困难的？

如果和其他孩子一起学会开心一些吗？

喜欢音乐吗？过些年是否会因为自己不会一门乐器而感到沮丧？

如果再坚持一下，最糟糕的情况会怎样？

是否需要为你换一下学习环境？

基于这些沟通，家长可以帮助孩子想一些对策，看看是否能够坚持下去。或者退一步讲，即使最终放弃了这件事，至少不会让孩子感觉到只是因为他自己贪玩，就放弃了其他重要的目标。放弃也只是将问题具体化之后，家长帮助孩子做出的权衡利弊之后的取舍。

如果孩子在学校遭遇了挫折，比如成绩不如人意被点名批评了，也同样需要帮助孩子将问题具体化：

班级同学的成绩情况是怎样的？目前孩子整体处于哪个位置？

具体看一下，是因为哪些题失分的呢？

这类题目上课讲过吗？是不是当时没听懂呢？

是不是上课还未充分涉及，需要自行课外做一些补充？

这样将问题不断具化之后，等于给孩子点明了思考问题和解决问题的方向，而这种思维方式对孩子未来勇于挑战失败会有很大的帮助。

有时候孩子参与集体表演活动，回来就可能哭诉自己被无视了，也可能直接说“我不要去了”，“没意思，反正我做不好”。

那么让孩子不能坚持的原因究竟是什么，发生了什么事情给孩子带来了挫败感，让孩子感到泄气的具体是什么事？

直接问孩子“为什么”是很笼统的，孩子可能直接回答说觉得自己差劲等等，家长如果说一些类似于“爸爸妈妈觉得你就是最棒的”这样的万金油话反而让孩子觉得很敷衍了事，因为孩子是因为真实的事件感受到自己很“差劲”。放空话予以鼓励并没有什么用，需要了解孩子究竟对哪个部分感到沮丧。

哪方面觉得最困难？

其他一起活动的伙伴指责你了吗？

如果我们陪你一起练习能不能提高呢？

是不是需要听一下老师的建议？

关于这件事，你最害怕的是什么？害怕拖后腿吗？

这不仅是帮孩子将问题具体化的过程，也是帮助孩子管理期望值的过程。如果孩子事先知道一件事情的最差结果在哪里，他的畏惧心理就会小很多。

有些孩子发现自己组织活动却没有能够获得支持，游说了很久，还是有很多同学不配合，于是就会感到沮丧。责怪同学不配合，责怪朋友不遵从集体安排，闹得事情没做好，人缘也下降了。看上去不大的事情，对孩子的负面影响却不小。

孩子之间的人际交往冲突经常是由于他们本身的判断和

表述很容易陷于情绪化中而引起的。有的孩子比较敏感，有的孩子比较冲动。孩子之间前一刻还玩在一起，后一刻可能就打在了一起。

如果发生冲突，要帮孩子具体化：让你最生气的具体是什么事情呢？

发生的事情中，时间、地点、人物、事件具体是怎样的？

能详细说说当时的背景情况吗？比如还有谁在，具体说了什么？

后来最主要因为什么，或者哪句话真正惹恼了你呢？

将事件捋顺了，也能安抚住孩子的情绪，有的放矢地去解决问题。

总之，家长可以协助孩子在生活的诸多磕磕绊绊中，梳理出主线予以解决。很多孩子所遭遇的问题起因都是小事，只是因为孩子在失望情绪中，情绪掩盖了理性，大过失掩盖了小麻烦，把问题慢慢扩大化，孩子遭受的失败也越来越大，对失败的畏惧心理也会变得越来越大。

小小的勇气，大大的回报

面对孩子的困难，当家长能够稳定孩子的情绪，并帮助孩子将问题具体化之后，最应该做的就是鼓励孩子立即行动。即使只是一个小范围的尝试，也要鼓励孩子去行动起来，因为这个时候拿出的一点小小的勇气，都会带来大大的回报，对于孩子以后面对生活中的各种困难和挑战都很有帮助。

这件事已经发生了，我们还能做点什么？

既然我们分析了问题可能在哪里，是不是该采取一些行动呢？

如果有压力的话，我们先尝试这部分比较容易处理的问题好吗？

能想到这件事最糟糕的结果是什么呢？为了避免最糟糕的情况发生，做一些努力好吗？

能想到这件事最乐观的发展是什么？有哪些关键问题我们还没有尝试解决呢？

我们是不是先补一些缺勤的课？先补上练习的时间？我们在时间表上每天调整出十分钟好吗？我们和老师谈一下好吗？

这些具体的行动会帮助孩子尝试去解决问题，直面困难。

以前一节所举的学习弹钢琴的例子来说，如果孩子不放弃学琴，那么就需要重新将调整后的转变落在行动上。即使孩子最终放弃了学琴，那么把空余的时间转移到哪里，也需要明确下来。

如果孩子参加演奏会或者集体表演时出了差错，难免会非常沮丧，负疚感、队友的责怪、失去的集体荣誉感和个人的面子，这些都会对孩子造成真实的压力。假如只是告诉孩子“别放在心上”这样的话，很难奏效。不如从行动上和孩子探讨如何补救。

以后的每一次演出确保更多次的练习如何？如果能够训练达到肌肉记忆的程度，情况一定会不同。

加强练习听伴奏以及和其他人的合作，邀请其他小伙伴一起训练如何？

我们制作一些感谢的卡片好吗？感谢小伙伴们陪你辛苦训练。

总之，行动起来才能避免陷于失败的情绪之中。力图去修复和改善已经发生的问题。当孩子受到打击的时候，不能简单粗暴地答复“这可没办法”，而是始终立足于当下我们还能做些什么，并且将可以做的事情落实到行动上去。

如果不落实到行动上，孩子就可能会逃避问题，当问题不存在。就像孩子小的时候，如果把别的孩子的玩具弄丢了，可能就会逃避见到这个孩子。如果这个时候家长帮助孩子一起

解决问题,落实到行动中,就能得到很好的体验和经历。

可以问孩子:“要不要我陪你一起找找?”如果找不到玩具,先问孩子:“怎么做才好呢? 总不能一直不来往,更不能因为弄坏了别人的玩具,反而不再搭理对方吧?”孩子开始理解这些事情了,有了同理心,后面行动起来就好办了。继续问孩子:“除了道歉,你觉得还有什么是我们能做的吗?”

可以交换玩具,把自己的给对方,也可以把零花钱拿出来赔给人家。可以承诺以后不会弄丢别人的玩具。

当孩子完整地处理过一次这样的事情,以后就不会再害怕这种类型的人际交往的挫折。

如果希望孩子比平时积极一点,就要鼓励孩子每一个很小的勇气,哪怕是很琐碎的事情。有的孩子不愿意举手回答问题,有的不敢参与群体表演,那么只要孩子表现出尝试的可能,都要鼓励。即使是表演的时候演了一块石头,或是举手发言声音很小听不清,都要认可孩子的尝试。

作为家长,可以给孩子的勇气一个小小的起点。比如,当孩子做数学题,完全不知从何下手的时候,先帮助孩子审题,然后鼓励孩子罗列题目所有的已知条件,作为解题这件事所需的勇气的一个有效的起点。

改善,而不急于解决所有的问题,行动起来,就会获得很大的回报。因为勇气而得到的认同,会让孩子更愿意挑战。

尽最大的努力，接受最坏的结果

现在的孩子有机会学习各种体育运动，如羽毛球、足球、篮球、游泳等等，这些体育运动除了能够让孩子身心变得强健，懂得团队合作，更是让孩子对输赢有了一个认知。

体育竞技比赛是非常残酷的。参与者不分严寒酷暑地艰苦训练，不能稍微松懈一点点，仅仅希望有一天通过层层淘汰走向越来越高的领奖台。而且越往后走对天赋和勤奋的挑战越大。在一个区域内已经具有绝对优势的运动员，走向更大的领奖台时也会瞬间开始怀疑自己的能力。

然而体育竞技对孩子来说是益处多多的。一方面，高强度的训练磨炼了孩子的意志力和坚持目标的信念感，另一方面，体育竞技提供给孩子们一个极好的体验失败、面对失败，并重新进行挑战的过程。

在提倡素质教育的今天，体育竞技的成绩对孩子来说还有很多实际的用处，比如可以申请优质学校的体育特招班，或是想申请海外学校时，体育也是必备的申请项目。所以很多家长在培养孩子拿出体育成绩这件事上难免有功利心，面对

越来越艰苦的训练，心态也很容易失衡。自己和孩子都付出了这么多，但是却在某一个节点上，再也无法赢过更高层次的对手，无法再前进哪怕是一步。

体育竞技当然难免有输有赢。赢了的欢呼雀跃，输了的孩子们就可能会懊恼，有些还会赌气，对人对己发脾气。家长对此的反应也各有不同，有些家长可能会赢了大声喝彩，输了大发雷霆。

很多家长觉得，如果孩子输了还予以安慰，会使得孩子感觉对结果无所谓，进取心就会不足，还是“铁血”一些更能够看到效果。

孩子内心对输赢是有着天然的挑战愿望的，正因为想要赢又担心赢不了，才产生了沮丧的情绪。有输有赢，享受赢的喜悦，也学会接受输的沮丧，引导孩子从容认输，积极面对已经发生的结果，才能培养孩子成为不怕失败的人。

过于有执念于胜负对培养孩子抗逆力并无益处。孩子输了比赛，可能闹情绪，可能悔恨交加，可能把责任推给别人。

有的家长或许会安慰和劝说孩子：“人外有人，山外有山，如果有这个懊恼的时间，不如好好练习。”但孩子听在耳中，可能依然会不高兴，觉得家长就是在夸别的孩子比自己好。

这种时候，家长的做法可以是尽量消除孩子对于“谁更好”的念头，而是转为就事论事的讨论。

你已经做得很好了，但对手也非常值得学习。

对手哪里做得特别好呢？我也不太懂，可以跟我说说吗？

今天是不是对方的团队协作更好一些？

只要将孩子的关注度放到就事论事，就比赛论比赛的份上，那么孩子对胜负的执念就会消除很多，对学习和竞赛本身的关注会变得客观。

让孩子能够坦然地面对输赢，是形成抗逆力的重要举措。人生中有太多的事情无法完全受自己掌控，最佳的状态永远是：**孩子能够自发地去挑战更高的目标，但却又对胜负本身没有太强的执念，总是能保持放松的心态去接受挑战，并不断地总结经验教训**；能尽最大的努力，也能接受最坏的结果。

一起制定隐瞒事实的范围表

孩子由家长陪伴着慢慢地长大，从迈着小短腿追着家长不停地提问“十万个为什么”，从每天都喜欢缠着家里人聊天，所有的内心世界都向家长敞开的可爱宝宝，到长大了，不想和家人说太多，回到家关起门来各种默默地捣鼓，双休日恨不能和朋友外出彻夜不归的半大小子，这个过程可以说让不少家长难以接受。

孩子长大了，到了叛逆期，彼此之间的沟通就不再顺畅了。遇到很多事情，家长有一肚子的人生经验希望可以和孩子共享，但却没有办法沟通到位，因为与孩子仿佛失去了深度交流的机会。而且更麻烦的是，孩子已经彻底学会了隐瞒事实。孩子不一定会骗家长，但是不问的不说，说了可能也是含糊其辞。

考试成绩差，恨不能把试卷藏起来，甚至还可能模仿家长签名蒙混过关。

尝试一些没做过的事情，没吃过的东西，但不会告诉家长。

偷偷打游戏并且交了几个网友，参与网友聚会也只会说

是和同学一起做作业。

追星打榜，刷票接机，零花钱用到哪里去了不愿意老实交代。

有些家长比较开明，就会抓大放小，并默默地通过各种观察和分析来获取信息，只要孩子还生活在眼皮子底下，各种行为上的蛛丝马迹总还是有迹可循的。

有些家长就比较简单粗暴，通过高压控制的方式，比如掐住零花钱等，想努力看住孩子直到无法坚持下去。

还有些家长就更加焦虑一些，比如会去翻孩子的东西，找到没见过的试卷就发脾气，发现追星花钱也会跳脚，发现孩子骗自己的迹象更要大发雷霆。

“为什么把考卷藏起来？谁给你签的名？”

这样的问题可能导致孩子决定下次藏得更严实点。或是导致孩子剧烈反弹：“你凭什么翻我东西，你怎么不尊重我？”

就这样，讨论的主题“歪楼”了，整个沟通也就失效了，甚至起反作用。

其实为什么把试卷藏起来，原因是显而易见的。因为考得不好，害怕家长发脾气。家长越是有过对考试成绩大发雷霆的情况，孩子越会隐藏。如果孩子已经进一步发展到不在乎家长的态度了，那么也无所谓藏试卷了。

所以家长在还有影响力的时候，不如直观地提问或告知感受。

“最近学校没有试卷吗？我怎么听老师和其他家长说，最近小测验很多？”

“你这样不给我们看,我们很担心,心里也不太好受。”

有的家长会说:不是因为考试不好才骂你,而是你隐瞒事实的做法是不对的。但如果家长找出来的试卷是满分卷,情况会有不同吗?答案是肯定的。因为考满分的试卷,孩子没有隐藏的必要,只能是真的忘记了。

所以从孩子的角度来判断,家长生气就是因为自己考试没考好,和隐瞒事实无关。孩子不服气,又不知道该怎样戳穿家长的真实意图,所以就会和家长闹脾气。沟通极有可能再次以失败告终。

当孩子进入青春期、叛逆期之后,家长和孩子还能保持良好的沟通状态是不容易的,为了尽可能了解孩子的有用的信息,而不是将孩子越推越远,家长得讲究些方法。

当孩子隐瞒事实时,要了解他为什么隐瞒,打消孩子的一些顾虑。当孩子撒谎时,则需要了解孩子为什么目的而撒谎,以及隐藏在谎话里的愿望。

孩子说谎有哪些目的呢?最常见的一种就是为了保护自己,因为担心家长责备;或是为了保护他人,比如庇护朋友。还有种是反之,也就是为了陷害他人。正好有机会顺便让讨厌的同学吃点苦头。

孩子为何而撒谎很多时候都是有明确目的可循的,而家长了解其中的真实意图很重要。如果孩子总是为了担心家长责备而撒谎,那么家长在教育孩子不能撒谎之余也需要审视自己的沟通方式,尽量避免让孩子和自己形成互不信任、无法坦诚沟通的情况。

“你和我们说实话，我感到很欣慰”，可以明确地告诉孩子，自己因为他说了真话而感到欣慰，愿意心平气和地和孩子探讨任何事情的改进方案。

“你能不能把真话告诉我呢？你不对我说实话，我感到很难过”，这样温和的方式比较容易让孩子放下心里担心责备的执念。只有知道真实情况，才能更好地解决问题。

还有一种情况是孩子为了虚荣心而撒谎，并不影响他人，但也应该引起重视，因为这些谎话里面隐含着孩子的愿望，孩子长此以往，在人际交往上可能会不顺利。如果家长本身坦然面对生活中的真实状况，并基于真实状况去努力生活，那么孩子也会不再被虚荣心所导致的谎言所困扰，成就更真实的自己。在生活中真诚而又坦然，是抵御生活压力的非常重要的人格要素。

为了保持和孩子通畅的沟通，与其事无巨细地盯着孩子，不如抓大放小，或者说将关于孩子的事情的沟通范围和节奏掌握在自己手中。

可以和孩子一起制定一份“隐瞒事实范围表”，或者也可以称作为“自主决策时间表”。

什么事情在什么年龄必须得到家长的同意；

什么事情在什么年龄可以不需要家长同意，但仍需要报备；

什么事情在什么年龄可以不需要向家长报备，只需自行决策，但欢迎随时探讨。

孩子会有叛逆期正因为他们已经开始准备去成为一个成

年人，自我意识最大程度地释放了出来，他们需要拥有能够自我掌控和决策的空间。但家长对孩子的这些能力并没有充分的信心，这是很好理解的，因此，关键点还是在于如何管理孩子的期望值。如果给孩子一个清晰的沟通范围，让孩子感觉到只要遵守既定规则，就可以逐步获得自主空间，甚至在自己和家长沟通顺畅的情况下，还能够得到更大的信任从而获得更大的自主空间，那么他们也会愿意尝试遵守规则。

建立起家庭的互信机制，可以避免孩子因为青春期迷茫而和家长冲突不断，沟通失效，从而降低抵抗失败的能力。这些对于家长掌握孩子的基本情况，及时地对孩子生活和学习中的重大问题予以应对，都是有帮助的。

可以“暂停”，可以说“不”

看过一篇印象深刻的漫画文章：《你失败了我也爱你呀》，讲小熊和大象看到一个10岁的小男孩正在屋里哭。

小熊感叹：这家的小男孩又考砸了。我已经观察他很久了，无比确信，他对考试已经产生了生理上的恐惧、厌倦、排斥，并且认为这是条一眼能够望到头的失败之路。

大象说：是啊，才10岁就承担如此沉重的压力。幸好他家人似乎在安慰他，希望他不会太消极。

小熊却说：的确他父母一直在安慰他，说“我们相信你，下次会考好的”。但事实上，很显然，小男孩并没有因为这样而开心一些。他刚才一直把头埋在被子里发抖，或是坐在床边发呆。我听到他心里在喊：“我不相信我自己啊，求求你们别再相信我了，我真的不行。”

大象评论道：这种状态，似乎是一种经历过漫长且重复的失败后形成的习得性无助。你知道吗，那是一种无论如何努力也不会有进展的绝望，直接结果就是极度地不信任自己，听任现实摆布，放弃甚至逃避再次尝试。看来他正处于极度不自信甚至自卑的状态，他很需要身边的人给他爱和支持。

小熊同意：是的，可是他父母的话没有成功安慰他，他应该不认为父母真的相信他，也没能感受到父母对他的关心。以我的经验来说，屡次失败之后，我想听的并不是“加油”，也不是“我相信你”，而是“你可以停下来休息的”。我希望有一个人给我一个出口，允许我停止无畏的挣扎。

大象回答：是啊，这会让你觉得自己真的得到理解了。

小熊说：是的，“我相信你”远远没有“你失败了我也爱你”这句话更有意义。

“你可以停下来休息的”，这才是陷于严重挫败情绪中的孩子需要的情绪上的出口。

在家长心里，孩子可以按下这个暂停键吗？当孩子表现出没有异常的时候，很多家长会认为，孩子已经落后了那么多，再来个暂停还能有什么出息呢？当孩子真的情绪崩溃了之后，很多家长又会恨不能时光倒流，回到过去告诉孩子：我只希望你健健康康就好，无论成功失败，我们都是爱你的。

那么孩子可能主动说“不”吗？**“我已经承受不住了，我想暂停一下”，这样的话孩子会主动说吗？很多的孩子都是做不到的，他们没有意识到自己有权利说“不”**，也无法在情绪发酵的过程中意识到这些心理因素会给自己带来巨大的不可逆转的伤害。因此不到心理崩溃，可能都不懂得主动说“不”。而且这一点影响的不仅仅是孩子承受压力时的心理疏导，还事关孩子未来社会生活的自主能力以及风险防范能力。

很多孩子不懂得说“不”，尤其是越“乖”的孩子越不懂得这一点，因为他们从小就被拒绝说“不”，从小到大因为“听话”

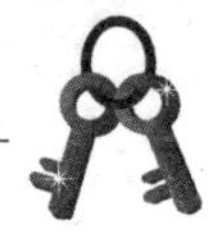

而受到了最大程度的褒奖。

不懂说“不”的孩子也不懂得和同学、朋友，或者在社会关系中的其他人说不。他们会认为，是不是说了“不”，对方会认为自己不顺从，觉得自己不再是朋友了？

要让孩子学会婉言拒绝——“我因为什么原因，不能做这件事。”

这种婉言拒绝的能力可以早一点培养起来，比如孩子可以根据事情的具体情况，相应地拒绝其他人的要求，有时候甚至包括家长的要求；比如除了学习和行为规范方面的要求，除了学校公开宣布的事情，其他要求、其他事情，孩子如果不想做，皆可以和家长探讨后再做决定。

很多事情孩子都可以先行拒绝，所以可以教会孩子直言：

“我需要考虑一下”；

“我自己恐怕做不了主”；

“这好像不是我现在能决定的”；

“我对这件事不感兴趣”；

“这件事情风险太大了，我不愿意做”。

孩子终究要面对越来越复杂的人际关系。如果有同学邀请自己抽烟，可以婉言拒绝；如果有同学邀请自己逃课，可以婉言拒绝；如果有同学邀请自己加入小团队做些刺激的事情，必须婉言拒绝。无须因为从众心理而跟从他人的指令。

婉言拒绝的能力也是培养孩子抗逆力的一个重要因素，人际关系是一个人重要的压力来源，而很多孩子的不良的、导

致被定义成失败者的行为，实际都是从众的结果。家长可以让孩子从小懂得，他可以尊重自己的意见，有主见是一件很酷的事情，并不是所有的意见都需要采纳，那样的话只是盲从。接纳那些善意的、权威的、正能量的意见，除此之外的意见可得好好筛选。

如果被邀请从众一些不良行为，孩子也可以将问题抛给家长，简单地答复："妈妈知道了会打断我的腿。"

可能有些孩子会觉得这样说让自己有点儿丢脸，有些孩子却不会。越是那些平时自主权限比较少的孩子，越是说不出自嘲的话，越是担心自己的颜面；相反平时被温和对待、家庭氛围开明的孩子就会觉得自嘲一下也没什么，这样说也不会损伤什么颜面。

还有的孩子，觉得从众等不良行为能够让自己混入对方的圈子，这些事情会让自己变得酷；又或者如果自己拒绝，就会被排挤。这种想法其实是基于孩子本身自我认同感的不足，或是基于孩子平时被强力控制和压抑之下的叛逆心理。

换句话说，孩子对自己不认同，是因为觉得自己没有能力获得其他更受重视的地位。或是孩子平时循规蹈矩，实质上内心却非常郁闷，希望做一些家长不赞同的事情予以反抗。

如果家长平时一直都能够给孩子一个"暂停"键，给孩子情绪上的出口，能够开明地提供孩子一个反映自己情绪状态的空间，能够从小让孩子懂得说"不"，那么在孩子面对很多不良行为诱惑的时候，至少有一个犹豫的时刻，在那个时刻他会

基于本能的判断力果敢地去拒绝。或者孩子会在小小地尝试了一些不良行为后，主动告诉家长，不担心自己无法获得接纳，因为他们相信家长最终会理解自己，相信家长最终会信任自己。

可以“暂停”，可以说“不”，这些方式能帮助家长将某些严重的事态予以规避。要避免孩子的情绪出现重大的波动，出现抗逆力的重大损伤，出现不可逆的自我伤害；也可以避免孩子从众于一些对人对己无益的、有害的事情，让孩子无须被小团体意识所绑架。让孩子扛住人际关系中的一些复杂压力，是培养孩子抗逆力的重要举措之一。

悲观者正确，乐观者成功

悲观主义者更容易验证其正确性，比如深度学习这件事对绝大多数人来说都是困难的，当大多数人认为这件事困难且容易失败的时候，就会更容易寻找到论点和数据证明这种判断的正确性。

然而乐观者依然相信事有可为，于是会试着去找到方法，坚持达成目标，即使不断犯错，甚至无法得到信任，也会继续尝试，因此成功最终属于他们。

悲观与乐观相辅相成，可以说悲观者的“小正确”塑造了乐观者的“大成功”。因为悲观者已经提前离开了竞争的舞台，机会留给了坚守的乐观者。

绝大多数孩子在幼小的时候因为对世事知之甚少，所以是倾向于乐观主义的。悲观的感受来自于当孩子慢慢长大之后，明确了事情的前因后果，懂得了什么是做事的期望和目标之间的差距，当感觉到自己无法达成目标，完不成家人的期待之后，开始形成了悲观思维。

悲观者很容易自证正确。比如孩子成绩不好，本就不是

很快能改变的，而且每个孩子的天赋也并不均衡。所以如果孩子悲观地界定这件事情办不成，就会陷入不断地证明“自己真的不行”这样的确信自己办不成的模式。

就像前文提到的塞利格曼博士总结的那样，孩子之所以彻底形成悲观的思考模式，是因为将困境定义成了：

永久的——我确实不是学习的料；

无法改变的——我努力了也没什么提高；

普遍的——不仅一件事情做不好，感觉所有事情自己都做不好；

人格化的——都是我的错。

一旦形成这样的悲观思维，那么失败就会变成难以摆脱的困境，不断论证着悲观主义的正确性。

但乐观的孩子就会将这些固化的思维抛在脑后，一次没考好，下次考好就行。这件事情没做好，但我有其他做得好的事情。最终成功当然属于这样的孩子。

要改变固化的从悲观角度思维的方式，当然就要认为困境是暂时的、具体的、就事论事的，为孩子建立一个实事求是的自我评价体系：

有时候人们难免会失误，我们需要将失误和本身的能力问题区分开来；

我们需要判断这是一个暂时的问题，还是持续的问题；

不是每件事都会是这样的结果，我们擅长什么，不擅长什么，值得思考一下；

造成这样的情况，原因是多种多样的，哪些部分是自己的

原因，哪些部分不是呢？

帮助孩子将事实和自我感觉区分开来。因为人们的感受往往是扩散型的。有时候家长遇到教养孩子上的问题，也可能会自我怀疑：我是不是一个糟糕的父亲/母亲？当这样的感受很强烈的时候，别人的劝导是很难起作用的。对孩子来说也是一样。

让孩子在某一项他擅长的科目、文体项目上建立信心，这种信心会融入孩子的整体自我评价中去。当面对挫折的时候，我们需要知道这些消极的感受是暂时的，这种悲观消极的情绪会很快过去，当我们冷静之后，从发生的事件中将具体的事实抽丝剥茧地独立出来进行分析，对自己有着客观的评价和认知，哪里是失误，哪里是疏忽，哪里需要弥补，相应地调整目标，才能成为那个乐观的成功者。

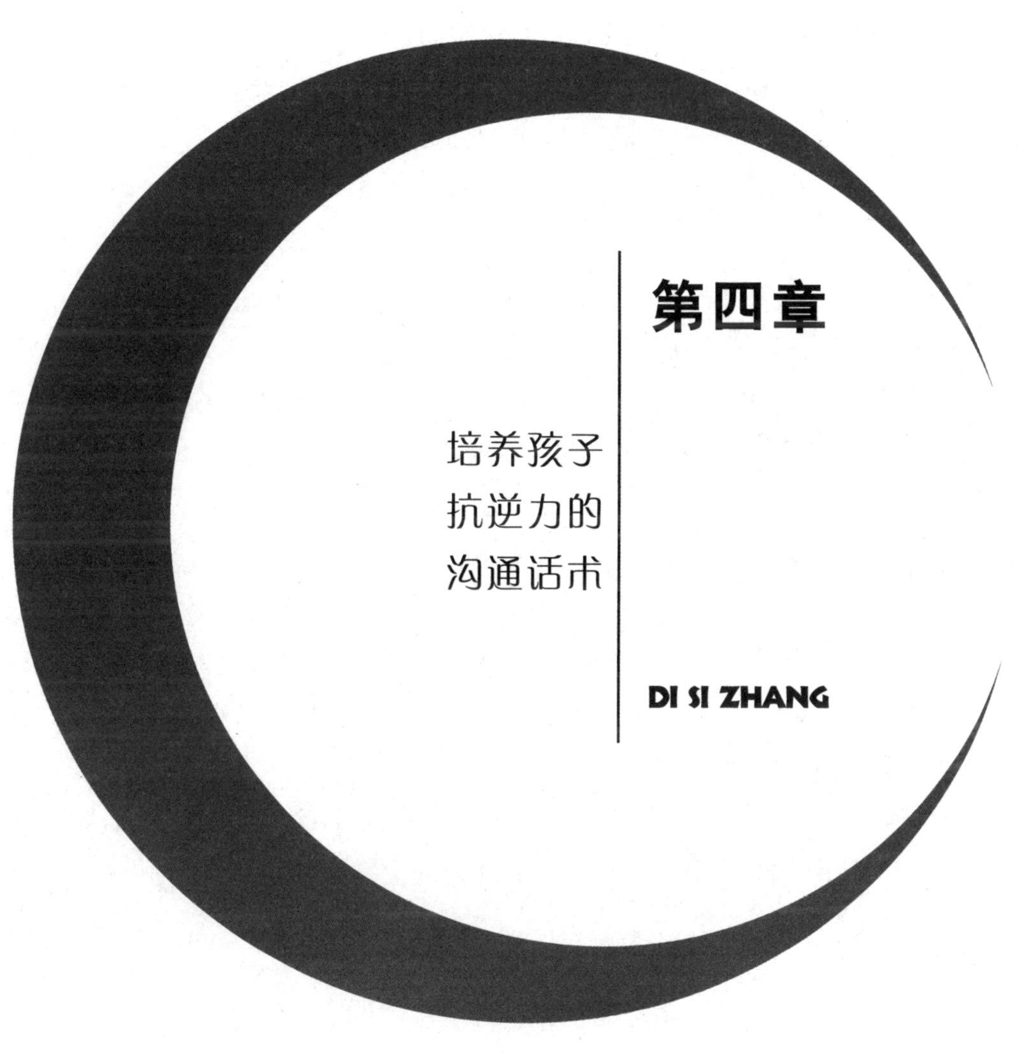

第四章

培养孩子
抗逆力的
沟通话术

DI SI ZHANG

今天不是一个好日子

孩子情绪变化的一大特点,就是爆发起来很强烈,消散得又很快。就像暴风雨来临了一般,天气骤变电闪雷鸣,但很快乌云散去,云淡风轻,或许还有彩虹相伴。

幼小的孩子可能因为玩具坏了,就大发脾气,又是跳脚又是挥拳,眼泪哗哗地流,但很快就因为其他事情而转移了注意力,忘了之前的问题。

学龄儿童对问题的关注则会变得长久很多,尤其有的时候孩子对事实或许会遗忘,但是情感上的认知却很顽固。如果孩子因为某件事而讨厌学校,讨厌某个同学,这种情绪就可能会持续很久,甚至转变为根深蒂固的排斥,仅仅依靠转移注意力就无法起作用了。

因此,当孩子遇到挫折,或是对学习、对自己、在社交关系等问题上产生负面情绪的时候,家长引导的关键点在于让孩子将可能持续化的负面认知转变为一个短暂的判断,等待情绪安抚之后再进行理性的分析和正面的情绪转化。

培养孩子抗逆力的沟通话术可以是:今天不是一个好日子。

就像天气时好时坏，时晴时雨，这都是一种自然现象。我们的生活也一样，经常会遇到不顺心的事情，有些不顺心的事情还会堆积在同一天，但度过了那一天之后，这些事情又都会被淡化，人们在生活的不经意间也会忘记许多烦恼。

面对孩子的情绪，家长不如陪在孩子身边，或许都不需要说什么做什么，只需要陪伴着等待孩子的情绪暴风雨过境。

家长稳定的情绪会影响到孩子，等孩子平静下来，再耐心和孩子沟通，让孩子感受到情绪平静下来才能好好说话并解决问题。玩具坏了，我们一起修修看好不好？如果修不好，我们再把玩具派做其他用场重新利用好吗？

对于大龄一些的儿童，家长可以让孩子认识到，生活总有暴风雨过境，但是天空永远是平静的。在暴风雨来临的时候，人们或许恐慌害怕，但绝大多数的困境都如同暴风雨一般，总会过去，总会恢复平静。尤其对孩子来说面临的困境并不是那么不可挽回。

家长此时是孩子的天空，而不是暴风雨的一部分，也不是站在暴风雨下一起恐慌的人群，甚至不必是急于解救孩子逃离暴风雨的人。家长只需要先告诉孩子，今天不是个好日子，但暴风雨总会过去。

“今天可真是糟糕的一天，大概是最近一年里面最糟糕的一天了吧？”

“想知道我十几岁的时候经历过的最糟糕的一天是怎样的吗？”

“后来吗？后来一度发现糟糕的一天后面有时候还会有

更糟糕的一天……但这些最终还是都过去了。”

“再后来吗？事情不一定完全如我们所愿，但还是可以不断改善，心情终究也会平静下来，就像暴风雨最终会过去。”

家长给予孩子的是平静的情绪基础，让孩子明白，在情感上家长会为孩子兜底，而不是指责孩子的情绪反应，和孩子一起慌张，或急于出手替孩子解决问题。

一次重要的考试没考好，对孩子的确影响不小，有些甚至可能在一定时期内，让家长和孩子感觉到前途迷茫。但是对既定事实的强烈沮丧感受总会过去，生活会继续，家长和孩子平静下来才能一起考虑下一步有什么可以做的。

让孩子成为不怕失败的人，就是从失败中不断恢复信心并进行修正的一个过程。只要孩子并不认为失败是永久和无法改变的，那么在漫长的人生中，就会有无数次翻盘的机会。

一起给失败做个情绪垃圾分类

消极思维的孩子总会将目光放在不成功的事情上。今天被老师批评了,今天得到的评级下降了,今天班级没拿到体育比赛名次是因为我。

反之有些"心大"的孩子,就会将目光放在让自己好受的角度上面:

我虽然考得不算好,但是某某某考了也没比我高多少分。

虽然今天班级没拿到体育比赛名次,但是大家玩得很开心。

如果孩子像雷达一样接收了太多糟糕的情绪,却不懂得怎样就事论事地对事实进行梳理,对情绪进行区分,就会造成较大的挫败感。所以家长需要做的是帮助孩子对情绪进行分类处理。

培养孩子抗逆力的沟通话术可以是:一起给失败做个情绪垃圾分类吧。

就像我们倒垃圾时需要区分可回收垃圾、干垃圾、湿垃圾、有害垃圾一样,**在孩子的面前也可以就遭受的失败有一排**

情绪分类箱：积极因素、客观评价、消极看法、负面认知。

例如，当孩子已经付出了更大的努力，而期末考试成绩依然不如预期时，可以如下分类：

积极因素：数学考得不错；而且更具体地看，有几道之前一直没能搞定的难题做对了。

客观评价：目前在班级中的总体排名处于中等，各科目中数学有些许进步，其他科目的表现与此前差别不大。

消极部分：语文中的作文是比较明显的弱项，并且暂无明显的提高。

负面认知：不喜欢写作，也不喜欢阅读。

经过将情绪和事实的一番分类，孩子对于“考试不如预期”的挫败感变成了更为具体的分析过程，而不是模糊笼统地觉得“我根本不是读书的料”，继而会在根本上放弃进一步提高成绩的可能性。

对情绪和事实做出分类之后，孩子可以更为客观地看待自己，然后从积极因素和负面认知两个角度双管齐下去寻找改善方案。比方说，基于以上的例子，找到孩子在数学和理化方面的优势，就可以思考如何进一步加强。或许目前可以提高成绩的重点在于基础题目的准确率，而未必是对难题的攻克。语文上面的弱项，首先的问题是孩子目前只阅读自己喜欢的类型的作品，所以对学业有帮助的阅读量完全不够，写作的时候因为能够调用的素材太少，所以显得文章单薄，态度敷衍。

真正要找到改善方案当然不是一个简单的过程，但是将孩子的情绪进行拆解，帮助他们从失败的持续感中摆脱出来，

将关注点转移到就事论事上面来，可以有效避免孩子形成进一步的负面自我认知。

又例如，孩子参加竞选，自认为平时人缘不错，成绩不错，也认真准备了竞选，但是却意外落败。

负面认知：我不如自己想象的那样能干，而且没有把准备好的竞选演说给讲好。

消极部分：竞选演说讲得不够好，表现得很平淡，好友反馈没有听清楚我的核心理念。

客观评价：对手都很强，尤其有些竞选演讲非常精彩。自己的得票数尚可，但距离选中仍有差距。

积极因素：完整地参与了一次竞选，第一次准备了竞选演说，获得了一次站在全年级师生面前的机会。

在这样的一个失败事件中，孩子第一次参加竞选，之前没有经历过，也不像考试成绩那样，有一个日常的评分作为标杆。孩子首先可能因为失败会重新看待自己，乐观的孩子会直接关注自己的体验过程，消极的孩子就可能更关注这样的结果，从而对自己产生负面反馈。

负面结果是客观情况，为孩子做情绪分类时，可以充分认识到这部分认知的存在是合理的，然后转而关注到更具体的客观事实，比如对手的情况，自己准备的情况等，最后从个人体验和经验的角度，去看待自己参与事件的所得。

帮助孩子进行情绪的垃圾分类，是为了让孩子从笼统的没有头绪的负面情绪中抽离出来，站在一个旁观者的角度看待自己的成功与失败，输和赢，优点和缺点。

当家长指导孩子按一个限定的规则给情绪做分类时，等于已经为孩子预设了“任何事情都存在积极的一面”这样的意识，也等于提供了“你存在消极情绪是合理的”这样的同理心。基于这些规则，可以尝试帮助孩子从情绪的最积极面与最消极面找到客观评价的定位点。相比于家长直接说“你应该从积极的一面看问题”这样的话，用“垃圾分类”的沟通话术或许会更有效果。

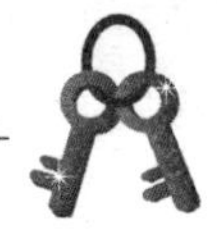

每个人都有两副眼镜

两个大孩子相约去看偶像的演唱会。她们先是在购票网站上没有买到票,继而在社交媒体到处找机会,可惜依然没有买到票。于是她们决定到会场门口买黄牛票,却不料买到的是假票,经过了一番折腾,最终还是没能入场看到自己的偶像。

其中一个孩子觉得世界末日都仿佛来临了,自己的偶像不知多少年才来一次邻近的城市,自己也存了很久的零花钱才足够买一张票,现在很远的路赶来却又买到假票。这个孩子心里面充满着“我会不会永远无法见到自己的偶像了”的想法,并且觉得自己真是没用,什么都做不成,甚至又有些责怪家长没有能力帮到自己,埋怨身边的朋友刚才没能鉴别出假票。如果稍后她再遇到些其他的挫折,这些事情积压起来,就会造成更大的情绪问题。

另一个孩子郁闷之余,坐在体育场大门外,听着演唱会现场传出来的声音,第一次感觉到自己离偶像那么近。周边有不少没有票的粉丝朋友,还有一起买到假票的患难姐妹,于是她在社交媒体上晒了假票票根的照片:

“纪念一下：人生第一次买到假票，第一次离我偶像那么近，第一次和五湖四海不相识却心灵相通的朋友们相聚在一起。”

于是好友们安慰，损友们点赞，不熟悉的同学也会冒个泡，有经验的朋友还会传授经验。最后这个孩子会感觉到，虽然预期中的事情发展得不顺心，自己也似乎做了件傻事，但最终的结果却很不错，有一种收获满满的感觉。

两个孩子经历的事情完全相同，看到的世界却完全不同。培养孩子成为不怕失败的人，当然是希望孩子能够从积极的一面去看待自己遇到的那些不大不小的问题。

培养孩子抗逆力的沟通话术可以是：**每个人都有两副眼镜。**

一副是高压眼镜：事情总是这样，我好像经常搞砸事情。

对那个消极的孩子来说，这样想事情也没错。她既没有充分筹划如何买到门票，又没有辨别黄牛票的能力，最后浪费了时间精力，花完了零花钱，仍然没有见到自己的偶像。

另一副是低压眼镜：人生真是处处充满不可预计之处，也是人生的另一种风景。

对那个积极的孩子来说，这样想事情也对。她追星本就未必强求什么目的，更大程度是她在青少年所处的特定的年龄阶段里，对理想化的自己的模板的一个追求，对个人情感的一种需要和寄托。即便她没有买到票，浪费了钱，但是这个过程却充满小惊喜，亲耳听到了偶像的声音，也获得了人生经历和意料之外的友谊。她的情感需求已经得到了满足。

每个人都有高压眼镜和低压眼镜两副眼镜，遇到的大多数生活中的琐事，都可以用这样两副眼镜区别看待，从而获得截然不同的人生体验。

我们可以给孩子练习如何对同一件事用两副眼镜去观察，并得出不同的结论。尤其是，家长可以让孩子找一件他感觉比较愉快和满意的事情，然后一起尝试用高压眼镜玩“大家来找茬”。

“那天游乐场的确玩得很开心，但是天气太热了，大概是出了很多汗又吹了风，回来就感冒了。这样的话，我们以后还是不去游乐场玩了。”

“出门旅游放松一下也就那样，沿途还发生了不少烦恼的事情。飞机延误了；路上弄丢了喜欢的水杯；景区里面和别人还起了争执；还拿纪念品和别的地方对比了价格，结果都买贵了。被一路上的烦恼折腾得都没心思欣赏风景了，以后还是别出门了。”

原来，哪怕是一件令人愉快的事情，也经不起高压眼镜的扫描。这样的反差会帮助孩子理解其实每件事情都不完美，我们的感受取决于我们怎样去认知这件事情。如果我们对每件事情都只关注消极感受的那一部分，往往得出的结论就是：什么都不值得珍惜，没有什么值得我们努力的。

家长也可以经常和孩子分享一下自己最近遇到的烦恼，并且告诉孩子，当自己使用不同的眼镜去看待问题的时候，所导致的不同的心态和结果。总之，用形象生动的方式，解析对事情的正反面看法，让孩子养成对事物更为正面认知的习惯。

偏见就像是盲人摸象

孩子在还没有形成自我评价体系和自我价值认同之前,都是通过他人对自己的评价来定义自己的价值的。而评价的来源当然不仅仅是家庭成员,当孩子长大之后,他更在意的是外部社会对自己的评价。家长对孩子无条件的爱,虽然可以给孩子情感上的依托,但却不一定能让孩子感觉到这种评价是公允可信的。

家长想要培养不怕失败的孩子,内心强大的孩子,对外界言论的反应能够做到客观理性的孩子,但现实是大多数孩子都无法做到天生就内心强大,他们是通过在生活中一次次跌倒又爬起,被言论伤害后内心再修复,而变得慢慢强大起来的。

在孩子变得“强大”之前,家长需要做的是让孩子认知到,别人对自己的评价并不一定是事实的全部,大多数人只能看到“部分”的你。

培养孩子抗逆力的沟通话术可以是:偏见就像是盲人摸象。

偏见未见得是虚假的,但之所以称之为“偏见”,是因为这

些评价是以偏概全的。就像盲人摸象一般，有人觉得大象是草绳，有人觉得大象是萝卜，有人觉得大象是蒲扇。但大象始终就是大象，并不会因为盲人的片面认知而被改变。

家长如何帮助孩子把别人的评价认知和自己对自己的评价认知区分开来？如何帮助孩子避免被片面的认知所引导呢？

首先我们生活在一个互相评论的社会中，当我们被其他人所评论的时候，我们也在时时刻刻地评论其他人。当家长和孩子平时评价身边的熟人或公众人物时，也应该适当地避免用词极端，或以偏概全。比如说“这个人真是样样不行”，“所有事都应该是这样的”，“这样的人真是太笨了”。当我们避免将其他人钉在持续失败者的位置上，也等于避免了任何时候将自己定义为持续的失败者。

然后，我们同样可以使用“大家来找茬”的方法，让孩子尝试评价别人的角色游戏。比如说，让孩子提议一件很成功的事情，或一个很成功的人。家长和孩子一起来找茬。针对这样成功的事情或成功的人，如果我们只关注片面评价，会说些什么呢？

一部很成功的电影，但是其中有一段太煽情了。如果我们只关注片面评价就会说：这部电影就只会煽情，太狗血了，不明白其他人究竟喜欢这部电影什么，或许是他们就喜欢被煽情吧。

一位很成功的学者，但是不善言辞。如果我们只关注片面评价就会说：看他的演讲真是浪费时间，完全不明白他到底要表达什么，听说他为人也不怎么样，平时都不跟人来往。

一个非常有趣的乐园，但是管理上仍有漏洞。如果我们只关注片面评价就会说：乐园再有趣我以后也不去了，排队入场时间长，秩序也不好，进去玩还要再排队，门票又那么贵，以后请我去也不去了。

几乎每一件事、每一个人，如果我们只看某一个方面，都可以充满“槽点”。然而无论是那些成功的事，还是成功的人，基本上都是把某一点做到非常好，即使他在其他方面有所不足，也仍然是成功的，受人喜爱的。

就像你自己看自己有两副眼镜一样，别人也有几副不同的眼镜在看你。

当他们使用暗色的眼镜：无论你做什么，他们都带有负面感受。

当他们使用透光的眼镜：他们会客观看待你，你的实际所作所为和情绪表现决定了别人如何继续看待你。

当他们使用亮色的眼镜：就像是家人和合得来的朋友，总是会尝试以正面的积极的方式看待你。

而当你自己照镜子的时候，也会有不同的镜子呈现在面前。有正能量的镜子，让你看到了高光的自己：有力量、有优点、有积极的态度；有负能量的镜子，让你看到晦暗的自己：怎么看都不好看，消极又没有希望。

别人的评价可以参考，有些评价值得重视，有些评价必须认真对待，但无论评价是好的，还是坏的，都并不是完全真实的你。**只有你自己才能够全面地评价自己，尽最大的努力了解自己，完善自己，爱护自己。**

一起扔掉帽子，撕掉标签

孩子不断地在评价中长大，当然也就从小在被环境贴标签。聪明的孩子，愚笨的孩子，敏感的孩子，心宽的孩子，守规矩的孩子，顽皮的孩子，仔细的孩子，粗心的孩子，等等。

只是孩子小的时候并不清楚这些标签的存在，但随着他们慢慢长大，很快就会被这些标签所影响，从而影响自我的认知。

为什么我写字就是写不好，为什么我不喜欢去上学，为什么我总是忘东西。

家长除了让孩子明白别人的评价和自我的认同之间的差异以外，还需要帮孩子撕掉一些不合适的标签。

在我的孩子不到六岁的时候，受大环境影响，我也一度给他猛刷了一段时间的题，辅导题目辅导得胸闷气短之余，会忍不住评价道："宝贝你的抽象思维确实不行。"

实际上大多数孩子需要七岁以后才能开始发展抽象思维。只是在低龄"鸡娃"的风气之下，更早地对孩子进行了抽象思维的开发，而部分抽象思维发育比较早的孩子就会被更

早地发掘出来，让其他家长深深地感觉到自己的孩子存在差距。还有些孩子则是在辅导班用死记硬背的方式记住了抽象题目的解题套路，做对题却不见得真的培养了思维。

然而有一次，我听到孩子和同龄的小伙伴这样说："我数学不好，我那个什么思维一点也不好。"

我当时很惊讶，我并没有向他反复强调他的抽象思维有多差，甚至也和他说过，其实抽象思维还需要一些时间才能培养。但他还是基于解题困难的"客观事实"与我偶尔滑过嘴边的"主观评价"，给自己贴上了一个标签，而事实上他当时刚满六岁。

这样的标签当然要撕掉，就算他以后的确并不是抽象思维多么出众的孩子，也完全没必要很早就认定这一点。更何况，一个失败的标签可能会辐射出无数这样的标签，让他感觉除了抽象思维，自己其他方面也一般，于是早早地认为这种"失败"是普遍的、全面的，归根结底自己是失败的。

后来我给孩子准备了一些更符合孩子年龄阶段的题目，鼓励孩子尝试一些动手搭建方面的直观的数学体验，认可了孩子的进步，并且告诉孩子：看来小孩子的确需要一个成长过程啊，之前反复教都学不会的题目，现在轻松就搞定了。

好在孩子的自我修复能力很强，幼时为自己贴的标签，只要避免被不断强化，它们很快就会被新产生的认知所替换掉。

培养孩子抗逆力的沟通话术可以是：**一起扔掉帽子，撕掉标签。**

片面的认知就像给自己戴上了不合时宜的帽子，对外部

评价的照单全收就像给自己全身贴满了标签。而事实上，我们不需要给自己戴上固定的帽子，更不需要为自己贴满标签。

家长针对已经发现的那些负面标签，可以潜移默化地帮助孩子弱化相应的认知，也可以帮助孩子询问其他人的观感，避免孩子固化的自我认知。家长也可以分享自己的一些观察，比如说说自己过去的认知和长大了之后看到的实际情况的差别，比如以前过于顽皮的同学现在既遵守社会规则又建立起了很好的社会关系。

有些自我标签并不难去除，有些顽固的则可能不是一时之间能去除的。定期了解孩子的心理，保持沟通，才能潜移默化地去除片面的自我认知。

同时家长还需要帮助孩子避免过于敏感，能够理清哪些言论是针对自己，哪些其实不是，又或者说哪些针对自己的问题其实是对事不对人。

有些孩子天生就有一种“灾难化的思维模式”，例如：孩子接力跑失误导致集体没拿到奖，他感觉到班级同学都在责怪自己，当他走在走廊里面的时候，其他班级的人看他的眼神有点奇怪，就想是不是所有人都在嘲笑我？今天体育课上根本就没人主动和我说话，他们一定是排挤我了。有些孩子还会转而认为：这些同学之所以欺负我，用言语嘲弄我，只能怪我自己不争气。

我们可以问一下孩子，如果现在角色互换的话，你会责怪对方吗？如果过分责怪了对方，会认为自己是正确的吗？如果这种做法并不正确，那么拿错误的做法来惩罚自己，是否合

适呢？是否尝试过无视这些“异样”的眼神，主动和同学沟通，诚恳地表达自己的遗憾和惋惜呢？

就像前文提到的那样，并非所有的事情只有输和赢，大部分问题都是处于灰色地带，有输有赢，有好运气有坏运气，你有失误别人也会有。

可以让孩子了解这样一个等式：他人对你的事情的关注时间＝你自己对此事的关注时间。你早已不在乎的事情，已经翻篇的事情，别人对此的关注度也会急剧下降。因为这只是你个人的事情而已，每个人都有自己需要关注的事情，也不断会有更新鲜的其他事情形成新的热点，一时的情绪可以等待让时间来抹去。

使用安全洞穴和超级访问的时间

孩子小的时候总是粘着家长，等到孩子大了，却关起门来不肯沟通了。家长百般劝说诱导，都或许只能得到只字片语的答复。

如果不能建立沟通渠道，那么家长纵然有十八般武艺，三百六十条计策，也都很难用上。如果采取强制沟通的方式，效果还可能适得其反。

如果家中孩子还小，家长们不如早早地给孩子一个固定的对话时间，在这个时间里面，家长会专心地听孩子说，给孩子反馈，而不是家长自己忙工作、刷手机时顺带地回复孩子只字片语。相应的也可以要求孩子：以后长大了可得给我们也留一些彼此专注的沟通时间啊，可别到时候关起门来不理我们，要像我们现在这样知无不言、言无不尽。

如果家中孩子已经略大了，遇到了点事情的时候，家长们可以先观察孩子的情绪和状态，在建立有效沟通之前，适当地给孩子一个自我恢复和缓解情绪的空间，一个暂时可以不受打扰的空间。

有很多孩子在情绪不佳的时候，只想先一个人静一静。其实大人也一样，在某些时候需要一个洞穴让自己什么也别想，不受干扰地放松一下。当然对于自控力尚不足的孩子来说，这样的放松时间是需要受限的，无法完全由其自主决定。

但是如果孩子考试没考好，回到家就被家长唠唠叨叨地不停地责备和没完地叮嘱，耳边充斥着自己并不认同的大道理，稍微休息放松一下又被家长指责“考试考成这样居然还有心思玩游戏”，那么孩子的情绪很可能完全无法获得缓解，也绝不会和家长达成有效的沟通。

有效的沟通并不是指孩子答应家长的所有要求，哪怕是看上去很诚恳的承诺也未必是出自真心。大孩子已经有一套自己的处事方法，倔强的孩子可能会“宁死不屈”，变通的孩子则懂得“阳奉阴违”。有效的沟通过程必须是家长和孩子交换想法和意见的过程，而不是互相指责和确立责任归属的过程。

我们给孩子的一个不受打扰的缓解情绪的时间和空间被称为“安全洞穴”，和孩子深度沟通、真诚交换意见的过程被称为“超级访问”。

培养孩子抗逆力的沟通话术可以是：**现在是使用“安全洞穴”的时间，现在是使用“超级访问”的时间。**

家长需要有仪式感的、有限制地安排这些时间。当孩子对这些规则的遵守意识是天然的，就省去了家长很多的难处。

孩子不需要抗争就能获得在安全洞穴中休憩调整的空间，但时间是有限的，过了这个时间我们需要从洞穴中走出来，重新拥抱真实的生活。这也暗示着**我们的挫败感并非永**

久的，我们可以做到将暂时的失败和永久的否定分割开来。

家长和孩子的超级访问时间也同样需要仪式感。在孩子需要对话的时候，家长提供了专注于孩子的讨论时间；在家长需要对话的时候，孩子也能够承诺和家长达成深度的沟通。

超级访问的时间同样是有限的，这样的话，家长和孩子彼此都会珍惜这一段时间。超级访问时间里沟通的最基本规则就是真诚，孩子需要真诚地面对家长，而家长则应该保证孩子不会因为说出真实的想法而受到指责。

给孩子一些空间，又让孩子能够随时获得帮助。如此，孩子既能够懂得如何从自我中寻找力量，而不是完全依靠外力去帮助自己思考；又能够懂得随时去接受帮助和建立沟通，从外部获得理解和支持。

让我成为你的降落伞

孩子在新冠肺炎疫情期间,学习了抵御疫情的心理小知识。课后问我,什么是心理弹性。

我给他解释说:有时候,可能你的心情很糟糕,你的情绪就会感觉从高处重重地摔了下去。如果你的情绪像弹力球,那么即使掉下去也会反弹回来;可是如果你的情绪像是个大石块呢?

孩子回答:那当然就不会弹回来了。

我说,对,不仅不会弹回来,还可能在地上砸个坑,陷进泥土里面。如果再遭遇刮风下雨的天气,泥土松了,就会把大石块越埋越深,挖都很难挖出来了。所以,你希望自己的情绪是像弹力球一样,还是像大石块一样呢?

孩子认真地回答:那当然是要像弹力球一样。但是,万一像大石块一样,该怎么办呢?

我笑着答复他:那就让我成为你的降落伞吧!这样大石块就不会重重地摔下去,而是会慢慢地飘下去。然后我们再一起下楼把好心情给捡回来。

有的孩子处理情绪的能力更强,即使心情糟糕的时候大

哭大闹，但很快就会恢复过来。但也有的孩子看上去更懂事更讲道理，实则却并不懂得如何消解自己的情绪。

作为家长需要做的是，增强孩子的心理承受力，沟通的话术可以是：**让我成为你的降落伞。**

很多家长奉行的所谓“挫折教育”，只是非常字面化地将挫折教育解读为：只要挫折受得足够多，就能让孩子被教育。基于这样的理念，有些家长将非常幼小的、毫无心理准备的孩子扔去了寄宿训练营，更有甚者将叛逆期的孩子送去了对孩子进行心理和生理双重折磨的“戒网瘾学校”。

家长们不希望孩子成为温室的花朵，但也不能矫枉过正。我们都能想象，对成年人来说，心理上承受的痛苦远甚于身体上所吃的苦，而对孩子来说，他们还不具备强大的内心去主动消化自己的心理压力。很多家长对孩子身体健康方面的问题关怀备至，担心孩子穿少了衣服会着凉，吃少了饭会挨饿，但却对孩子的心理健康疏于关心和照顾，甚至会简单地认为孩子之所以承受不住挫折，是因为所遭受的挫折太少。

真的是这样吗？什么样的孩子才是经受得住挫折的孩子呢？**能够承受挫折的孩子，在经历挫败时，仍然能够具备很高的意愿去改变现状，具有很强的动机去扭转局面，即使无法挽回失败，也不会对他们下一次的努力造成影响。反之，无法承受挫折的孩子，就会放弃改变现状，不再有动机去面对这一次，或者下一次可能存在的困难。**

如果孩子在经历挫折时，感觉到自己的情绪像大石块一般重重砸在地上，不会反弹，甚至可能会越陷越深，他们当然不会有勇气再次面对失败。反之，如果孩子感觉自己的情绪

能够像弹力球一般地触底反弹，或是知道家长会像降落伞一样陪着自己慢悠悠地坠地，并找回他们的自信心，他们就会勇于面对一次次的挑战。

就像前文提到的那样，人的坚强和内心的力量来自于爱和安全感，只有当孩子经历挫折之后，依然能够克服挫败感，能够体会到安全感，才能磨炼出一颗更加强大的内心。

孩子无法承受挫折，并不是简单地因为经历挫折太少，而是因为经历得太早，或是太深。前者是因为孩子在十分幼小时，在毫无抗逆力的时候，遭受了令他无法忘怀的挫败感；后者是因为孩子承受着巨大的挫败感，却没有足够的力量帮助自己恢复过来。

“恐惧感”才是阻碍孩子从挫败中恢复过来的根本原因。而家长所提供的“降落伞”功能正是消解孩子的恐惧心理，是孩子强大的安全感的来源。

每个孩子的性格都不尽相同，天生的气质和心理敏感度都有所不同，但家长可以提供心理安全感的方式是殊途同归的。那就是给孩子充分的空间去做尝试，鼓励孩子挑战自己的目标，提供给孩子厚厚的保护垫承受失败，像降落伞一样陪着孩子安全着陆，直到孩子面对任何的挫折都具备充分的心理弹性。

让我们一起精心策划这一天

有些孩子为何对自己在很多事情上的成败既不紧张也不在意呢？因为在他们看来，自己的生活其实和自己是无关的。书是为了家长读的，学校是被迫去的，连自己的时间都没有一分一秒属于自己，就谈不上什么长远的人生规划了。

还有些孩子想要把事情做好，获得家长、老师的认可，得到同学的认同，但是他们完全无从着手。所有事情都是家庭、学校给安排得明明白白的，我自己除了听话还需要做什么呢？

等孩子到了叛逆期，不愿意再做提线木偶之后，就变得更麻烦了。他们强烈的想要自主的意识和实际能够自主的能力之间，有巨大的差距，但他们已经急于决定自己的一切，并且不打算再听从家长的意见，如果不能自我掌控，他们不惜与家长闹翻天。

越高的自我决策权，越能培养孩子的能力，提升孩子的信念感，这些家长都明白。但是孩子的能力就放在这里，可能很幼稚，可能不具备自控力，一做事情就丢三落四，没有一天不闯祸，让家长如何能放手让孩子去拿主意呢？

在孩子小的时候，可以给孩子一些话语权：今天想去哪里

玩呢？今天想穿什么颜色的衣服？这份菜单上最想吃哪个菜？等孩子大一些的时候，则可以给他一个有仪式感的为自己做主的时间段。

培养孩子抗逆力的沟通话术可以是：**让我们一起精心策划这一天。**

每隔一段时间，就可以让孩子有仪式感地策划自己的一天，孩子可以提前很久就开始做准备，鼓励孩子写下详细的时间表，只要这个时间安排符合安全和健康的前提，家长在这一天就会按照孩子的安排行事，甚至可以考虑给孩子一些金钱上的预算。

我们会发现，孩子为自己安排时间并没有那么不健康，孩子很可能会去游乐园，也或许会打游戏，但是并不缺乏有序的生活和基本的良好习惯。

而且家长可以根据对孩子的基本了解，在一开始就给这个仪式附加一些规则，比如说这一天的安排除吃饭睡觉外，必须包括多少群体活动时间、外出时间，必须包含完成作业的时间，当然前提是作业量是适中的。

当孩子表现出能够安排好一天的时间，并有效遵守规则的时候，孩子可以获得更久的自我安排时间段，比如安排暑假的前两周等。

有的孩子出于种种原因，会表示不愿意去学校。有些大孩子被家长逼着出门去学校，实际却可能是在外面游荡，宁愿坐着公交车绕城一圈也不去学校。孩子不肯去学校的真实原

因有时候很难知晓，家长还需要了解背后的原因，为孩子扫除一些障碍；当孩子出现严重的厌学情绪时，则需要寻求专业人士的帮助。

如果孩子真的在家“休息”几天，家长也可以给孩子布置一些任务，让孩子好好安排自己的时间，比如做家务、打扫自己的房间，帮家人做点力所能及的事情等，必须给孩子创造一些生活的价值感，并非只有学业才是孩子生活的全部。**孩子懂得如何好好地安排自己一天的生活，才更有可能主动去展望更长远的事情——如何安排好自己的一生。**如果孩子能够创造自我价值，拥有清晰的社会属性，如果家长能够鼓励孩子勇于表达自己的想法，那么孩子就能够被培养出敢于面对生活中各种突如其来的困难的能力，形成有效的抗逆力。

除此之外，家长可以不断提升孩子在家庭中的影响力，比如安排出固定的家庭会议时间，并且**让孩子参与到家庭会议中来，让孩子为家庭共同利益作出贡献。**

或许人们会说，孩子现在已经是家庭里众星拱月般的存在了，还没有影响力吗？此处当然不是指孩子的被动影响力，对孩子来说，如果诸如自己吃饭睡觉的事情都和家庭复兴有关，自己的学习更是关系着家族的前途，那么孩子并不会觉得自己有影响力，而只会觉得压力重大却前景迷茫。

提升孩子对家庭的影响力，是指让孩子随着年龄的增长，加入到家庭事务的决策体系中来。一开始可能只是一些小问题，诸如家庭需要添置什么样的器材，哪些家具需要更换，“双十一”需要添置些什么。后来则可以参与到一些核心问题的

讨论中去。全体家庭成员可以就一些家庭问题，列举正面和负面的看法，罗列事情的各方面影响因素，做出共同决策。

孩子感觉到自己可以对家庭施加影响力，才更容易接受家庭给他的影响力。这种对家人的承诺感，对自我价值的认同感，都是极为重要的。如果家庭的氛围就是说出自己的想法，聆听彼此的心声，获得家人的反馈，那么孩子不管有什么重大压力，都会懂得向家人求助，获得支持。

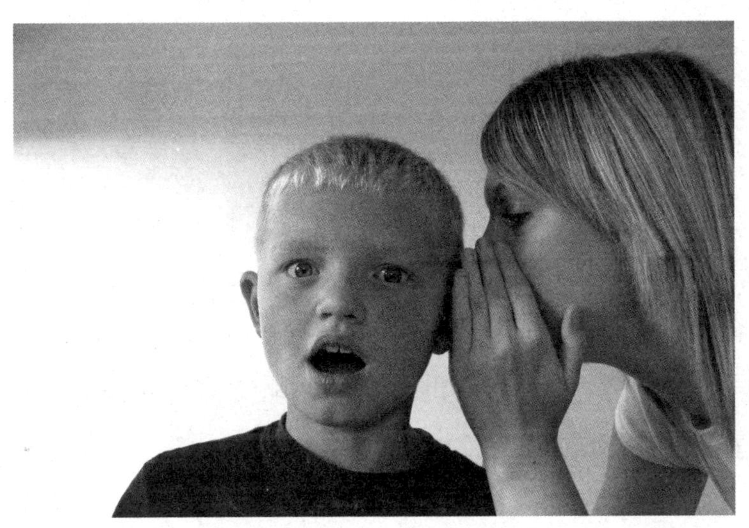

错失阳光，那就先收获一些星光

很多家长会感叹，现在的孩子吃得饱穿得暖，物质和精神生活都极为丰富，比之以前的孩子可以说是非常地幸福。但实际在如今的社会环境下，小孩子也经常承受不小的压力，比如学业压力、同伴压力、社交压力等等，这些压力并不会因为小孩子物质生活得到满足而消失，相反因为信息过于发达，家长和孩子都会在无限的比较之中产生新的焦虑。

当孩子面对压力的时候，很多家长的表现会呈现两种极端，一种是无论孩子承受多大的压力，家长都会因为自身工作忙碌等原因无法和孩子多做沟通，甚至会认为，孩子吃饱穿暖已经生活得很好了，没理由再添麻烦。还有一种是给孩子最大程度的支持、爱护和帮助，甚至动辄投诉老师投诉学校，容不得孩子受一点点委屈。

这两种情况都造成了孩子承受压力的弹力不足。能够承受压力的孩子，对自身情绪的消解就像脑子里面有根弹簧一般，能够将情绪释放出去，又能够主动将思绪收回到紧绷的状态，能够释放压力并承担压力。

这种抗压能力是缓慢形成的，来自于孩子的天性、家庭的

氛围,也来自于孩子从小开始所经历的每一次的失败的情绪修复经验。

培养孩子抗逆力的沟通话术可以是:**错失阳光,那就先收获一些星光吧。**

家长可以在家里为孩子准备一个"星光榜",和优秀的孩子在家里摆满了奖状不同,星光榜是给孩子罗列一些他已经改正或至少是改进了的小错误的榜单。

这就好比孩子做错了题目,需要整理错题本一样。总是拿满分的孩子就像是收获了满满的阳光一般不需要错题本;而没有拿满分的孩子,如果同样的错题下次没有再错,或是当下订正之后能够完全掌握,就可以将这样的小成就罗列在星光榜上。

当我们把孩子的一些小错误,比如丢三落四、涂写乱七八糟等问题,予以整理之后就会发现,大多数小错误都会随着时间,随着孩子年龄增长和能力增强而被改进。如果能让孩子感觉到,有错误就坦然面对并及时改正,没有拿到满分的阳光榜,却能收获改正小错误得到星光榜,也是很不错的事情,就能不断增强孩子抗压的弹力。

不允许自己犯错的人,最难改变,因为他们不愿意做出任何尝试。允许自己犯错,并始终致力于进步,为自己积累一片星光的孩子,才能在不断试错中茁壮成长。

在我的孩子刚刚开始学业之初,我作为学龄儿童的新手家长,也会严厉地责备孩子。明明已经把正确答案告诉了孩子,他却一脸天真地依然回答错误;教过的题目还是会反复做

错，前一刻感觉都懂了，后一刻就像从来没做过这道题；写字的时候总是分神，一旦分神一笔一画就不知飞去了哪里，只能擦掉重写，否则就过不了关；做点事情总是有很强的畏难心理，家长还没责备，孩子就已经烦躁难安起来。凡此种种，的确很容易耗尽家长的耐心。

有一次，我和孩子一起翻看他小时候的相片，我对刚刚成为学龄儿童的孩子说了不少他婴幼儿时期的事情。

我对孩子说：你刚出生还住在医院的时候，外公去其他病房转了一圈，回来就夸赞你，说你比别人哭得都好听。我们都觉得好笑，婴儿的哭声不都差不多吗？外公说，那可不一样，你哭起来又洪亮又气息绵长，听着就有清晰的诉求，不像是无理取闹。我们都觉得外公形容得太有意思了。还有，你开口说话很早，很小的时候，把家里人都喊了个遍，把大家感动得可不得了。可是你学会走路并不早，但我记得很清楚，当你终于走稳的时候，全家列队为你鼓掌，由衷地觉得你是世界上最聪慧的孩子。

孩子感叹道：原来我小时候那么厉害啊！

是啊，孩子牙牙学语，蹒跚学步，其实都是很普通的事情。但是几乎每个家庭，在孩子的这个阶段，都会不断地认可孩子的每一点进步，发自内心地觉得自家的孩子聪明伶俐，性格鲜明，有着不少特别的天赋。

但是当孩子进入学龄阶段之后，情况可能就改变了。孩子开始需要和同龄人做很多的比较，他们被要求全面发展，甚至被要求不能做一个“普通”的孩子。

我也同样如此，自从孩子成为一名学龄儿童，我就拿出了

另一套标准来对待他,曾经慷慨给予孩子的那些发自内心的赞赏和温情脉脉的鼓励,仿佛一夕之间都不见了。孩子真的能立即适应这样的转变吗?他对于上学这件事的向往和对学习的天然热爱,是否会受到影响?

家长们都很清楚,几乎没什么孩子能够早熟得像个大人,早早地就能够做事有条理,做人有目标。绝大多数孩子都是磕磕绊绊地成长起来的,只要他们能不断地被认可、被鼓励,相信他们就会不断地改善,不会停下前进的脚步。

并非每个孩子都能早早地收获明媚的阳光,大多数孩子都是在不断积累着一小片一小片的星光之后,才连成灿烂的星河,长大成人之后同样变得光彩夺目。

其实每个人都有一种倾向,就是去做自己擅长的事情,去做能够让自己感觉到强大的事情。孩子所做的每一点努力越是能被看到,被认可,他们就会越觉得这些努力和进步让自己变得强大起来,从而更愿意去做这些事。

所以我们给孩子的目标应该是现实可行的,孩子伸出手够一够,就有机会够到,就像"星光榜"之中的星星一般,虽然没有那么闪耀,但却触手可及。这样孩子才能有成就感,才能有超越自我的动机。

第五章

家庭必备的职能团队

DI WU ZHANG

超级家庭救援队

很多家长每天忙于工作，承受着不小的压力，辛苦赚钱养家已经极为不易，还要被孩子的教育辅导占用大量时间和精力，的确是身心俱疲。还有些家长则认为自己文化知识水平不足，社会地位和经验眼界都有局限性，因此在孩子的教育问题上没有能力过多干预。

的确不是每一个家庭都有能力提供孩子足够的资源、时间和精力，但是对孩子的教育问题又马虎不得，对孩子来说，家人是最大的依靠，家人的陪伴是他们成年之后心理强大的基石，家庭有很多基本的教养职能是必须具备的。

所以说，家长需要思考的是如何高效地实现家庭的"救火大队"目标，小事上协力孩子解决问题，大事上与孩子共同把握人生方向。当我们去定义超级家庭救援队这个职能的时候，我们可以将"超级"定义为：家长抓大放小地为孩子提供关键的帮助。如果家长能够投入的时间精力有限，那么就注重在孩子的日常生活陪伴中点滴地渗透教育理念；家庭成员需要清晰的分工和有效的合作，立足于给孩子提供解决问题的规则和流程，以及合理的方法。

孩子的日常生活中，大部分要解决的问题都是琐事居多。比如说孩子在外面踢球，毁坏了公共设施。家长当然既要忙着出面收拾局面，又要忙着教导孩子明白道理。如果怕麻烦，自此禁止孩子出门玩耍，把孩子留在家里，那么随着孩子长大，类似这样的禁止事项只会越来越多，不仅小孩子天性被压抑，等到了叛逆期，孩子可能会反弹得更厉害。但是，如果家长不管不顾，任由孩子继续随意玩耍，就可能三天两头地给家长捅窟窿，对家长来说，非常伤脑筋。

事情发生的当下，当然首先还是协助孩子一起解决问题。比如玻璃碎了，先看着玻璃，避免伤人。然后打电话给物业说明情况，商定怎样赔偿。这整个过程，与其责备孩子让孩子立即回家，不如全程让孩子跟着一起解决，了解承担责任的过程和不得不接受的赔偿结果。

然后家长可以问孩子有什么感受。或许孩子会说：那我以后不踢球了。但是更关键的问题是孩子应该怎么踢球，去哪里踢球，或者说踢什么球。家长可以将问题抛给孩子，听听他的想法，并且启发他们有哪些不同的解决方案。或是可以换个软球，或是以后去圈起来的场地踢球等。总之让孩子共同承担责任，拥有下一步行动的部分选择权，并且最重要的是，要采取行动。

这样一件小事虽然牵扯到家长不少的时间精力，但是把一件事的规则和流程确定清楚了，很多其他的事也可以以此为参考，这样解决问题的步骤和惯例就容易形成。

又比如孩子刚刚上学时，经常会丢三落四，忘带重要的课

本,忘了签字,忘了做作业。而且孩子还会不停地丢文具,比如每次做作业都丢橡皮,新买的一盒橡皮没几天居然又找不到了。如此家长只能一次次疲于奔命地为孩子解决问题,这些问题不管不行,管了又让家长感觉不到任何的价值感。

其实忘带东西让孩子自己也很紧张。家长首先只能按学校的要求送过去,或接受学校给出的其他指令。等孩子放学之后,作为“超级救援队”,真正要做的还是为孩子想办法,理清楚如何才能让孩子避免忘带东西。比如在此之后,每天晚上留出固定的 10 分钟检查时间,用来检查第二天早上上学需要携带的、需要检查的、需要签名的所有内容。家长还可以为孩子在家里贴一张检查清单,然后每天出门前教会孩子自己勾选。

还比如在学业方面,很多孩子都有粗心的问题,总是不停地把能做对的题目做错,甚至还会大面积地漏题,让家长看了试卷实在忍不住满肚子的怒气。

家长需要做的是让孩子养成检查的良好习惯。比如给孩子一个封闭的完整时间,能够不分心地去检查自己的试卷或作业。让孩子拿出老师为学生批改作业的精神。在家里练习的时候,可以对孩子采取两种评估方式。一是孩子作为学生做试卷的成绩当然是越高越好,二是孩子作为批改试卷的老师,检查出越多错误越好。当孩子模拟老师的角度的时候,可以告诉孩子,假设现在这是毛毛的试卷,毛毛是个粗心的孩子,希望你作为老师能尽量找出更多的问题。

孩子粗心毛糙等问题,有部分是天生的,还有部分是没有

压力，或者说没有动力造成的。做题目的时候没有压力，检查试卷的时候又精神涣散。给孩子另一个角色去扮演，让孩子找到仔细检查的动力，慢慢进行习惯的再塑。这些都需要“超级家庭救援队”提供方法，协助落实。

有时候“超级家庭救援队”还需要解决更棘手的问题。比如，有些大孩子随手从家长的钱包里拿钱。还有，经常能看到有新闻报道，孩子知道了家长的密码，用家长的手机打赏网络平台主播巨额钱款，或者网购大宗物品。

此时家长除了抹平事情，关键还是要替孩子找方法。对有些年纪较小的孩子来说，偷偷吃糖、打游戏和顺手拿走家里一点小钱差别不大。都是因为小孩子自控力不足，对于放在眼前的能够立即让他们得到愉悦感受的事情，直觉就是立即去获取。顺手拿走零花钱的孩子可能是为了买自己心仪的东西，也可能是为了请同学吃东西得到虚荣感的满足。

而对于较年长的孩子来说，小的时候习惯没养好，再加上进入青春期的孩子接受了大量的社会信息，被越来越多的欲望所影响，对于金钱的价值观也可能因此有所扭曲。

孩子当然是做错了，追究错误于事无补，关键的问题是如何避免下一次再犯。

首先要避免给孩子养成坏习惯的机会。比如，有些家长喜欢乱放钱包，乱扔东西。还有，自己的网购密码又怎能让孩子知道呢？“超级救援队”的任务不仅需要解决问题，还需要反省自己，与孩子共同找到方法。

其次，家长不应该轻易地给孩子扣上什么严重的品德上

的帽子,但是要让他们明白这个问题是非常严肃的。然后要让孩子明白,人们如何获得金钱,以及金钱的币值等价于什么具体的物品。

就像上了新闻的孩子,轻易地打赏给主播自己家庭一年才能存下来的积蓄,那么他们真的充分理解这些金钱等价于什么吗?可以带着孩子一起做一份对孩子来说能够理解的金钱通用等值表。比如说 1 万元究竟是多少钱?是指 1 后面 4 个 0 这样一个数字吗?事实上,这样一笔钱可能等值于家长能够带孩子出远门旅行一周,可能等值于孩子一年的学费,可能等值于孩子已经心仪了很久的 20 件豪华礼物。

然后家长可以要求孩子做一下自己的预算,有了预算才能向家长名正言顺地要零花钱。收入预算和支出预算都要做。收入预算当然是家长给的零花钱,而支出预算则做得越细越好,越细越能清晰地反映孩子之前把钱花去了哪里,而且其中可能反映出孩子的愿望,他想要钱是因为想要买什么还是想要在社交中派上用场。

如果预算做下来,孩子的收支已经不平衡了,那么在家庭状况允许的情况下,适当地给孩子一些赚钱的方法,为家里做家务也好,找点事情让孩子外出帮点忙也行。或是和孩子一起分析支出预算中哪些能省下来。

在孩子较小的时候,尽早树立起规则,才能避免孩子长大后在关键问题上形成难以扭转的坏习惯,从而遭遇严重的挫折。

家长需要提供给孩子的,不是疲于奔命地出面替他们解

决问题，当然也不是不管不问的漠视和疏离，而是和孩子共同解决问题，与孩子一起找到方案，制定规则。总结来说，“超级家庭救援队”的职能运作目标包括以下这些：

当出现紧急情况的时候，先协助孩子共同解决问题；

为孩子制定解决问题的标准和规则，给孩子提供选择，并立即行动予以实施；

当类似情况再次发生时，家长仅给予有限的帮助，鼓励孩子用同样方法去解决；

共同营造合理的家庭环境，规避问题反复发生；

与孩子一起讨论和评估风险，为孩子扫除负面情绪，提供心理上的救援。

负面情绪管理员

孩子为什么会产生沮丧的情绪，为什么会对自己感觉到失望呢？因为他们充满期待，因为他们认为自己是有希望的。只有当人们还有目标感的时候，才会对不如意的结果感觉到强烈的失望。

当我们讨论如何培养孩子的抗逆力的时候，就是要**保护孩子的期待，让他们保留自己的希望，管理失望，调整预期，然后恢复过来，再次合理地期待和乐观地希望着。**

在产生抗逆力的过程中，家长就是家庭的负面情绪管理员，需要及时地确认孩子的情绪并予以必要的干预。

负面情绪管理员的职责包括：

帮助孩子一起确认情绪的严重性，如果按1～10分打分，1分是只有一些沮丧和不痛快，10分是彻底的自我否定，现在处于几分，最近一段时间累积几分？对情绪积累的严重性需要一个清晰的判断。

问一问孩子，**目前遇到的挫折，最糟糕的结果是什么？**是某件事情上的短暂失利，还是对自己天赋上的否定？一件事

情的失利，哪怕放弃，真的会导致全盘否定自己，让自己变得一无是处吗？

问一问孩子，**这种情绪会持续多久？**只是短暂的情绪，能够很快消解，还是持续的否定，认为自己无法从挫败感中走出来？

和孩子一起分析，在这个情绪的发酵过程中，**有没有可以控制和可以改善的地方？**如果有，一起尝试着手改善。

让孩子说说，**如果换一件事情，还认为自己会搞砸吗？如果重来一次，还认为自己会搞砸吗？**这件事情都是自己的错吗？

很多时候，孩子严重的情绪问题，如果不是因为极端的应激事件的刺激，都是日积月累而来的。因为家中没有提供负面情绪的纾解通道，导致情绪越积越多，形成了自我否定感之后，再要逆转就会变得难上加难。日常生活中的实时观察和及时干预，就是负面情绪管理员的职责了。

除了对失败感觉到沮丧失望以外，孩子成长过程中还有很多其他的负面情绪，比如说嫉妒的情绪。妒忌心让孩子认为别人拥有一切，而自己却什么都不具备。因为这样的心理，他们将很多问题归结于其他人身上，失去了提高自己能力和追求目标的机会。如果做每件事都将注意力放在别人身上，认为对方才是自己实现目标的障碍，那么当然自己就失去了提高和改善的可能性。

这个时候，作为负面情绪管理员，就需要将孩子的关注点予以转移。想要成功，究竟是通过自己得到更多，还是期待别

人的所得变少？对孩子来说，能够活跃的空间有限，待在小池塘里着眼于身边的斤斤计较是非常无益的，孩子和他的小伙伴们终究会汇聚到大江大河之中去百舸争流，乘风破浪。聪明的孩子都知道，身边的伙伴不是自己挡路的绊脚石，而是未来人生的助力。

作为家长，需要鼓励孩子大声地赞赏别人，并且不拿孩子做比较。有些家长一边夸别人家的孩子品学兼优、落落大方，另一边又狭隘地对自家孩子说，其实别人成功是因为他们家境好，有社会关系的助益。这样的说法岂不是既让孩子给否定自己找到了理由，又让孩子产生其他的负面情绪？

家长可以赞赏自家孩子的所有闪光点，当然不是万金油式的“加油，你是最棒的”，而是赞赏具体的表现在行为上的闪光点。

“你能那么快从负面情绪中走出来，真的很厉害”；

“你愿意尝试这样一件充满挑战的事情，我觉得特别好”；

“你能发现每一个同学的优点，说明你是个善于观察、心思澄净的好孩子”。

家庭有了负面情绪管理员的职能，就能帮助孩子及时从负面情绪中恢复过来，成为具有抗逆力的，不怕失败的人。

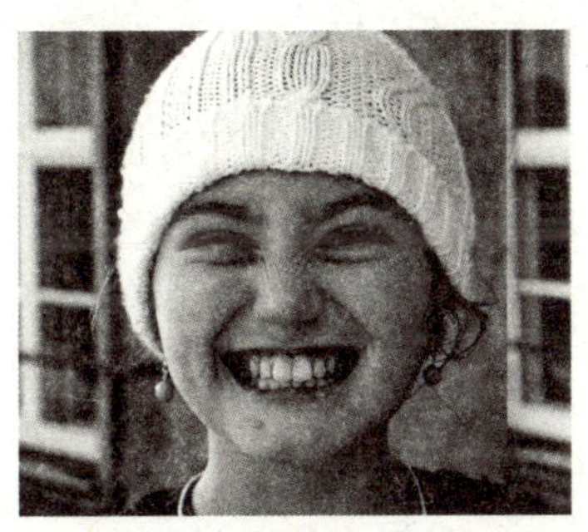

风险评估委员会

面对复杂的社会环境和越来越丰富的社会资讯，家长们很容易感觉到焦虑，想要将充分的风险意识彻底灌输给自己的孩子。

但是所有人都是通过自身体验而成长的，对孩子来说，很多大道理说一千道一万，自己没有经历过，就很难感同身受。就好比，孩子幼小的时候，会尝试碰很多东西，会什么都往嘴里放，放了一次不好吃就不吃了。如果家长天天追在孩子屁股后面不停地说，有时候反而激起了孩子捣蛋的意识。其实东西碰了疼了，孩子自然就不碰；跑步跑得太快，摔跤了会哭，但只要不是大的苦楚，孩子又会好了伤疤忘了疼。

又比如，家里老人让孩子不要吃凉的食物，叮嘱孩子一定要保护好关节，孩子会因为这些耳提面命的提醒就真的在意吗？只能说很难。但是等到孩子成为大人了，吃凉的会胃疼，受凉了会关节痛，他们自然就会开始注重养生。而在此之前，很难让一个孩子体会到自己为何不能吃凉的，为何要为了保护关节而穿厚重的秋裤。

有些风险意识可以让孩子自身通过体验去形成，那是在

孩子经历了挫折甚至小小的苦痛之后才能建立起来的。而有些风险是家庭承受不起的,孩子难以面对的,结果难以逆转的,这些就需要家长尽最大可能去避免。如何灌输这些风险意识是关键,但针对这些风险意识,家长成天唠叨也不见成效,不唠叨又担心,可以说是非常头疼。如何成立一个优秀的家庭风险评估委员会呢?

前文我们提到过家庭会议的制度,用家庭会议的方式共同商讨家庭的各项事务,包括长短期的目标,家庭活动的安排,孩子的兴趣爱好、学习计划等。同时家庭会议也可以是一个评估风险、灌输风险意识的好时机。

比如说,我们可以制定家庭会议的议程,设置若干家庭会议讨论模块。会议开始可以先就长短期目标的进展进行回顾,然后讨论最近家庭大事的推进流程,以及娱乐活动的时间安排,继而专门加入风险防范的环节进行讨论。

如果将家中平时唠唠叨叨的内容转化为正式的会议形式,采用分享的方式,让教条式的内容转化为一种具象的体验,就会让孩子感觉到有趣、有仪式感并且易于接受。孩子加入家庭讨论中去,等于自动接纳了会议的规则,而人们对于通用规则是有遵守的惯性的。家庭会议这样的规则对孩子来说有很多层意义,他们通过这样的规则参与到家庭事务中,真正成为家庭的一份子,有归属感,有话语权,那么相应的,接受会议流程中关于风险的讨论和防范的结论,都是理所当然的。

风险评估委员会的职能包括:

帮助孩子识别学习、生活和社会环境中的各种风险；

和孩子一起讨论和评估风险发生的概率，以及可能带来的负面影响。比如说有些风险发生后的结果并不严重，但是发生的概率很高，它们反复发生就可能会影响我们的生活质量，需要我们共同去防范。

和孩子一起确定自己能够承受风险的能力。比如说有些风险发生的概率很低，但是一旦发生就是毁灭性的，那么这些风险就是一个绝对不能触碰的雷区。

可以和孩子一起确定如何消减风险、控制风险，并且一起确认风险消减的对策。

和孩子一起确定风险防范的优先等级。我们很难让孩子接受和贯彻所有的风险防范举措，但是**可以和孩子一起就风险发生的后果和发生的概率，对防范优先等级进行排序**。如果这是孩子共同参与排序的，那么他们对这个结果更容易产生认同感。对家长来说，抓住最根本的问题才是最关键的，而不是干预和控制孩子生活中的每一件事。

就像前文提到的那样，家长可以给孩子一份负责任、拿主意的时间表。适当给孩子选择权、话语权。遇到有风险的事情，有些让孩子去尝试，即使跌了跟头也没事；有些需要教孩子掌握方法；还有些事情就是需要被彻底划归到雷区的范围，不容触碰。家长给孩子成长空间，并且把握住风险防范的节奏，彼此建立起家庭的互信机制，相信一定能给孩子的成长带来很大的裨益。

同理心工作组

在前面的章节中，我们经常提到希望家长运用同理心，与自己的孩子产生共情。如果父母能够运用同理心对待孩子，就能站在孩子的角度看待问题。比如说，作为孩子，他们普遍地缺乏强大的内心和独立思考的能力，他们很容易做事畏难，常常缺乏耐心，而且情绪管理并不成熟；如果家长们理解这一点，就能明白孩子的自信心起起落落是很正常的，他们对自我的认同感很大程度上来自家长的认可。

如果家长始终用同理心对待孩子，那么孩子也会更容易被培养出同理心。有同理心的孩子更容易理解家长的焦虑和家长的期待，他们更能够对社会的人际关系和社会生存的规则产生同理心，从而更好地融入环境，并且掌握规则。

很多孩子是被众星拱月着长大的，作为家里的小王子或小公主，从来没有被要求去体会别人的感受。他们就像有一个自己的星球，世界是围绕自己转动的——我是世界的中心。

尤其有些孩子一直生活在“唯有读书高”的环境之中，学业是否出众就是他们唯一的“正确”，他们的喜怒哀乐从未被真正认可和理解过，而自己对别人的喜怒哀乐也感觉到漠然

和不知如何应对。而能够体会别人的情绪，就更能够懂得社会生存之道，建立起更好的人际关系，也更懂得管理好自己的情绪，这些能力是决定成年人成败的关键要素之一。

同理心是一种能够了解、预测他人行为和感受的社会洞察能力。心理学家认为，同理心不仅能让人们正确感知别人的感受，还能够对他人的处境有合适的共情的回应，是影响人们社会行为的一个重要因素。

家庭同理心工作组的职能包括：

首先，倾听孩子的感受，对他们的情绪给予回应。

如果站在孩子的内心世界去看待问题，和家长想象的就会有所不同。很多家长觉得严重的事情，孩子觉得无所谓；很多孩子眼中的大事，家长却又觉得是小事。

这就造成了这样一种情况：**从孩子的角度来说，有些事情天天被家长唠叨，自己却不愿意听；有些事情他们每天都觉得很焦虑，说给家长听，家长却轻描淡写**，或者会告诉他们与其担心这些小事，不如好好关注更重要的事情。于是孩子就变得更焦虑了，他们的情绪没有得到理解和认同，从家长这里得到的总是单一又无聊的指令。**等到孩子大了，对家长也会缺乏同理心，那些家长眼中的大事并不能得到孩子的理解，家长的焦虑感他们也无法感同身受。**

有同理心的家长懂得向孩子表达爱和理解：虽然我不是很能理解你的烦恼，但我愿意聆听你的想法，尽量体会你的感受；任何时候，都记得你拥有我们无条件的爱。

其次，鼓励孩子表达自己的感受，并尽量使用情绪平稳的方式。

当孩子对事情感到无比沮丧并且情绪爆发的时候，家长不急着非要劝解孩子，甚至责难孩子不应该情绪激动。给孩子一点点时间冷静下来，然后有条理地表达自己的问题。

发生了什么事，具体时间、地点、人物、事件是怎样的？现在你是怎么想的，为什么不开心？接下来打算怎么做？如果以后遇到同样的情况，打算怎样处理呢？

总之在孩子情绪激烈的时候，不和孩子的情绪打架，也不急着灌输"正确"的想法。等孩子情绪稳定之后，就鼓励孩子用有条理的方式表达自己的感受，并且给予专注的倾听和反馈。

再次，"同理心工作组"要鼓励孩子使用同理心与人相处。

倾听别人的声音，能够站在他人的角度思考问题。当孩子能够对别人的失败感同身受，也就更能够直面自己的失败。

比如说，同学被嘲笑、欺负了，你会认为这是他的错，还是嘲笑者、欺负者的问题，换了自己会怎么想，会如何处理呢？

当朋友遭遇到失败的时候，你觉得朋友已经很棒了吗？你觉得朋友还可以做些什么？

同时，家长还需要鼓励孩子去客观地看待别人眼中的自己，基于对自己的实事求是的认识而不断地改善自己。你能够理解别人如何看待自己，才能正确地认识自己，客观地评价自己，建立自己的社会价值感和自我认同感。

鼓励孩子尊重他人的意愿，充分考虑到自己的言谈举止对他人的影响。真诚待人，才能收获人际关系的成功；尊重别

人的意愿，才能守护好人际交往的界限和规则。

最后，鼓励孩子尊重自己的意愿，在可供选择的范围内让孩子对自己的事情作出抉择，并相应地承担责任。尊重自己的意愿，是对自己的一种爱护和认可，在此基础上形成的人格，才不会轻易地被挫折、他人的评价、环境的影响所打败。

如果孩子认为自己是个不错的人，对自己感到基本满意，就会懂得在社会中要求被尊重，并且不会因为一点挫折而让自己的自信心全然崩塌。反之，如果孩子成长道路中伴随着自我怀疑：我是不是一无所长，没什么值得称道的？就会自贬自轻，因为害怕失败，因为不相信自己，于是越发不敢挑战更高的目标。

同理心不仅包含和他人的情感共鸣，也包括了对自己的理解和接纳。充满同理心的家庭环境才能够培养出有同理心的孩子，有同理心的孩子更能够和家长形成深度的情感纽带，彼此理解，彼此支持，抵御人生的艰难和复杂的环境。

乐观主义办事处

在全球都受到广泛喜爱的动画电影《冰雪奇缘 2》中，反复强调了这样一句哲理：Do the next right thing(做对眼前的下一件事)。克里斯托夫在魔法森林中得知安娜不辞而别，彷徨失措的时候，只能对自己说：Do the next right thing，等待安娜回来。最终他等到了安娜并再一次拯救安娜于危难之中。当安娜跌入深不见底的山洞，看着雪宝融化消失的时候，得知艾莎的生命也在消逝之中，她承受着难以言喻的悲痛，唯一的信念就是，现在只剩下我自己了，我必须 Do the next right thing。

不知前路在何方的时候，先把下一件能做的事做对、做好。因为**弥补过去的最好方式，就是做对下一件事。这是一种乐观主义的思维方式**。乐观主义者才能够将事情的负面影响降到最低，并总是能够在糟糕的现状中做出积极的选择。

反之，不乐观的孩子面对困难的时候，就会认为事情已经结束了，不知该如何面对未来的道路。而每一个成功者都愿意试错，永远考虑到下一步仍有各种可能，拥有做对眼前的下一件事的勇气。

家庭的乐观主义办事处就像一个积极发动器，主要职责包括：

鼓励孩子，从善如流地接受他人的观点。

当孩子总是能够从别人的观点中寻找到正向价值的时候，反而不会轻易被别人的眼光所评判和否定。

例如说，如果孩子被小伙伴评价：你组织的活动好像一团糟啊。可以仔细问问小伙伴，具体哪里觉得特别不好？在邀请活动的环节有没有问题呢？评价活动现场做得相对好的是什么，相对差的又是什么。

假如孩子能够获得有理有据的答复，那就鼓励孩子认真地接纳这些观点，感谢对方告知建议，并表示以后会改进。如果孩子得到的仅仅是对方的主观感受，而没有什么实际的例子，那么可以再问问其他当事人的想法，寻求尽可能客观的答案。如果别人对自己的评判并无客观依据，那就不必放在心上，只当生活中总有几个合不来的朋友。

能够客观地接纳自己，就更能合理地看待别人，宽容地看待这个世界，从环境中获得养分，寻求正向价值的最大化。

“乐观主义办事处”的另一个职能就是，鼓励孩子感受生活中点滴的正向价值。就好比孩子都会在自己的生日会、重大节日，还有学习等重要活动前，快乐地设想很多美好的场景。春游秋游的前一天晚上简直兴奋得睡不好觉，而他们的快乐都是由很多很小的因素组成的，可能就是因为书包里放了自己喜欢的零食；因为第二天自己要负责安排小组活动；因为一整天不用上课，可以和同学们聊天嬉闹。

家长可以鼓励孩子充分地享受这样快乐的预期,或是事后回味已经发生的活动中值得纪念的部分。这些快乐的瞬间不会拖累孩子的学业,而是孩子学习生涯中、未来社会生活中,始终能够找到值得期待的事情的一种乐观主义精神——捕捉生活中的点滴快乐瞬间。

“如果你经过练习,明年就能够参加篮球队,可以穿得帅帅的和队友一起去打比赛,我想到这样的情景,就觉得很高兴很期待。”

“去年的音乐分享会,我还记得你弹了一首圆舞曲,小小的个子穿着漂亮的公主裙,即使演奏有小小的瑕疵,但是依然勇敢地坚持到最后,我真为你感到高兴。”

“你们学校的图书角里面,我看到了你的笔记本,写字从歪歪扭扭变得漂亮挺拔起来,我很为你的成长而感到骄傲。”

孩子的学业生活中,有很多可以发现的点滴快乐,家长可以鼓励他们去发现这些快乐,感受这些快乐。

我的孩子刚上学的时候,对学校生活非常期待,但是很快就发现,学校和幼儿园相比天差地别。他难免抱怨一下,而且每周一的早上都起床困难,周五下午就欢天喜地。这些都很合理,但我还是会刻意地经常问问他:今天学校里有什么开心的事情吗?他会顺着这个逻辑很兴奋地回答:今天哪两个孩子嬉闹时闹了笑话;今天我的语文默写拿了好成绩,虽然数学卷子做得不好;还有今天美术课老师教了新的技法。

周末的时候如果带他去游乐园,在他玩得很开心之余,也会问他:如果天天来玩这几个项目还会开心吗?他会回答,那

肯定没有那么开心了。我就会告诉他：所以说，经过了一周的学习，完成了作业，再来游乐园玩耍才是生活中的高光时刻。生活里面有“大开心”和“小开心”，“小开心”就像我给你吃了颗糖，当下挺开心，天天吃也就那样，而且蛀了牙可就开心不起来了；“大开心”就像你经过了努力练习，上台表演或是考试得以正常发挥取得进步，获得了成就感，越来越满意自己。虽然“大开心”不易获得，但却很持续，没有副作用。

“乐观主义办事处”的最重要的一个职能就是，永远帮助孩子寻求事情的各种可能性，鼓励孩子勇于挑战，并根据实际情况调整计划，而更关键的是将计划落实到行动上。

学校发的资料找不到了，试卷就像长了腿不晓得跑哪里去了，这个时候怎么解决呢？如果和孩子说“没有办法，你自己去解决”，可能会让孩子真正感觉到没有办法，觉得很有压力，这样做并不能培养他的乐观思维方式。如果家长一手包办地替孩子解决了，又觉得可能会让孩子不长记性，孩子对结果的乐观态度不过是基于家长的强力外援，并不会转化为他自己解决问题的能力。

可以让孩子自己先说说有哪些方法，再说说家长的看法。比如，问老师再要一张是不是妥当？问同学借一张回来复印是不是方便？请求家长联系老师或其他家长借资料进行影印是不是可行？

一件事情有很多种面对的方法，可能的发展方向是多样的，各有利弊并且需要的实施流程也是不同的。鼓励孩子在落实行动方案中发挥作用，进行必要的沟通，完整地参与这样

一个流程。

“家庭乐观主义办事处”职能对孩子来说意义非凡。但需要注意的是，如果孩子已经产生了重度的消极或抑郁情绪，或是因为某些应激事件而产生极大的心理问题，家长就需要寻求专业的心理援助，而不仅仅是指望通过自己的乐观主义精神去解决问题。

很多家庭的最终教养目标，不仅仅是把孩子培养成不怕失败的人，而是希望孩子成为有幸福感的人。或者说，**培养孩子成为不怕失败的人：从小处说，是不怕学业的失败，是不怕未来事业的挫折；往大处说，是不怕人生的失败，是培养孩子不被人生中任何难以预计的困难彻底打败的意志力。**

而这种意志力必然伴随着乐观的态度，即使生活中遭受了一时难以解决的苦难，也能从日出日落、好天气坏天气中，找到些许平静的喜悦；永远认为人生还有可行的道路可以走，永远认为事情总能找出几条可供选择的方案。这应该就是“家庭乐观主义办事处”的终极工作目标。

第六章

与孩子一起面对生活中的困难

DI LIU ZHANG

与孩子一起坚持到底

家长给孩子最好的礼物就是高质量的陪伴，陪伴孩子共同成长，陪伴孩子克服生活中的困难，陪伴孩子建立自我价值感和认同感。而这种成长很多时候也是相互的，在陪伴孩子成长的过程中，家长也成了更好的自己。

我有时候看着孩子的很多“毛病”，一边指正，一边就会想：原来我小时候大约就是这样的。很多家长都会感叹，自从有了孩子，生活规律了，懒觉也不睡了，九年义务制教育重新拾了回来，而且人到中年居然变得“多才多艺”了起来。虽然有很多是家长无奈的玩笑话，但我们的确为孩子付出很多，孩子为我们带来的也不少。

可以说，家长和孩子是共同成长的，彼此参与对方的生活。

很多家长抱怨，自己的孩子一身“毛病”，做事情没有耐心，而且缺乏常性，不管学点什么一开始都是兴致盎然的，但很快就兴致全无，最终半途而废。其实这是一种正常现象，因为不管学什么一开始都是简单易上手的，但很快就会进入瓶颈期，孩子就会力不从心，感受到挫败，继而放弃。

而且现在很多家长要求孩子从小就“多才多艺”，很多幼儿园的孩子又是乐器，又是舞蹈，又是画画，还有乐高、围棋，再加上各项体育特长，每一门都坚持下去并不现实，孩子能够保留一门拿得出手的特长已经很不容易了。

有的时候孩子表示不愿意继续学某项才艺了，家长可能会恼火：刚刚续费就要退费，辛苦工作赚钱努力给孩子提供机会，孩子却不珍惜，学什么都中途放弃。

家长们仅仅对孩子说“不可以半途而废”，并不能真正改变孩子的想法，不如和孩子一起坚持做一件事。

在我们家，我们会定期和孩子长跑或远足。长跑或远足之前会安排好路线，和孩子沟通，在哪里补给和休息。远足的过程是聊天解压的绝好时机，在那样的环境下能够和孩子建立深度交流。而我们自己的压力也能得到释放。长跑的话，就会教会孩子，不在一开始出尽所有的力气，而是有所保留地、不逞强地，规划好自己的体力。

如果规划好的户外计划改变了，也是一个时机让孩子明白，生活中计划赶不上变化是经常的，需要做的只是调整计划并继续前行。去海洋性气候的地方出游时，远足的过程中常遇到天气变化，就算前一分钟蓝天白云，晴空万里，后一分钟突然暴风雨，也没什么。计划被打乱了，又突然遭受了暴风雨，那就选择去避避雨然后再前行吧，这都是生活的常态。

孩子幼小的时候也曾跟我讲过，不打算继续弹琴了，觉得自己不是很喜欢，而他觉得自己更喜欢画画。但我的观察是，虽然他音乐方面的天赋不算非常出众，但是作为业余兴趣爱

好已经足够，他的表现也很不错，只是面对识谱、乐理和演奏能力要求的提升，有点退缩，这其实是一种畏难的心理。而所谓对画画的喜爱，也还尚且停留在随手画画的阶段，没有被衡量，不需要被评价，所以感觉到轻松又释放天性。

我就问他，真正学画画需要几年的时间，目前他还停留在儿童创意画的阶段，暂时还谈不上能将画画作为真正的兴趣爱好和才艺。如果停止学琴，就暂时没有才艺可以学了。这样你觉得可以吗？他立即就犹豫了。然后告诉他，如果他的天赋能力相差甚远，或者已经到了厌恶这件事情的地步，我们都可以选择放弃，然后思考将这部分时间转移到哪里去。如果还没有到这个地步，我会建议选择再坚持一下。最后他自己选择了坚持下去。

每个孩子的情况不同，而每个孩子不管现在学多少项才艺，最后都有个做减法的过程，将不合适的减去，留下最适合孩子的、家庭集体认为最重要的事情去坚持。对畏难的孩子，与其讲大道理，不如就事论事，不如给他们鼓励和分享。

在体育锻炼和才艺方面，我和孩子经常分享的幼时困境就是，小时候体育课的跳马项目。小时候但凡看到体育课搬出跳箱来，我就整个人都不好了。孩子问我，后来克服了吗？我老老实实地回答：其实并没有完全克服。算是大部分时间能够蒙混过关，但是仍然感觉到畏惧。**但我至少明白了，再害怕、担心的事情，其实都会过去。**

人生中的各种困难都是如此，其实要真正克服困难，彻底解决问题，都不是那么容易的事情，受限于我们自己的能力、

天赋、客观条件，也受制于社会的环境。但是绝大部分困难都会过去，就算不像乐观的人想象的那样容易解决，却也不会如悲观的人想象的那样对我们的生活产生毁灭性的打击。当我们一次次渡过了这些困难的时候，也会被磨砺出一颗更强大的心。

就像马拉松比赛一样，最终掌声并不仅仅是给那些跑得最快的人，也是给坚持到底的人，尤其那些坚持到最后仍然还在尽最大努力的人。人们会被这样的行为打动，给予最真诚的赞赏，因为那是天赋平平的人用坚持换取的胜利。让我们和孩子一起做一些能够坚持到底的事情，和孩子共同成长。

与孩子一起完善自我

孩子小的时候，有一个周末我把车停在了商场之后，忘了取车，从商场坐地铁回了家。第二天一早带孩子出去上课，到了车库发现自己的车不见了，一阵惶恐之后才想起来是自己搞了个乌龙。这件事情孩子记了很久，每隔一段时间都拿出来“嘲笑”我一回。原来平时家里那么有权威的家长也是会办糊涂事的，这让孩子觉得很有趣。

后来要鼓励孩子做些什么事，我都会适当地分享几件自己小时候的糗事。孩子对这些糗事可是非常好奇的，而当家长用平静的，甚至颇有趣味的方式说起当年让自己感觉郁闷、崩溃的事情，会让孩子们觉得原来失误也好，失败也罢，其实都是生活中很平常的事情，都是可以修复的。

孩子们听故事的时候，一定会问：那么后来呢？他们可不喜欢开放式的结局，他们喜欢立即有一个结局。就好像孩子自己失误的时候，即使家长劝说“别在意，这些都会过去”也没用，因为结局还没有放在孩子们的面前。而家长们过往的糗事、经历过的失败，给了孩子一个明确的结局。

孩子问：后来呢？

“后来我解决了问题。”

“后来我没有解决问题，但是也不再伤心难过。”

“后来我仍然失败了，但我还是快乐地长大了，也找到了合适自己的事情，我相信你能做得更好。”

在第二章里，我们曾经提到过家长的教养类型。权威型的家长，响应力高，要求力也高，但是心理控制力较低。所以即使是在孩子眼里很有权威感的家长，也绝不是端着架子不能犯错的，如果冤枉了孩子，不如认真地向孩子表达歉意；如果做错了重大的判断，不如承认失误。家长坦然面对过错，孩子也会同样如此。

有时候，家长们也很难控制自己的情绪。但自己发脾气时说过的语言、语态和表达方式，转头发现都被孩子学了去，只会更觉得郁闷。我也同样如此，只能感叹自己还是修炼得不到家，需要和孩子一起学习控制情绪。

孩子小的时候，最主要表达情绪的方式就是大喊大叫的哭闹，这是孩子人生用来表达情绪的第一种方式。在孩子大喊大叫的时候，心平气和地告诉孩子：等你哭完再告诉我到底怎么回事。然后陪伴在孩子身边，等待孩子的情绪和缓，进入可以沟通的模式。

总之家长需要让孩子明白，哭不能解决问题，要学会用语言去叙述自己的需求，表达自己的愤慨，而不是指责孩子哭闹的行为本身，因为哭闹只是孩子产生了情绪，他们需要安抚和理解。

安抚孩子的情绪并不等同于因为孩子哭闹喊叫就有求必

应。如果孩子认为用哭闹就能解决所有问题，那么长大了就会同样用情绪去换取关注度，让别人遵从自己的意愿。这种情绪包括发脾气，使用暴力手段，或是将一切失败的责任都推给别人等一系列“巨婴式”的行为。

以前经常看到有家长，在孩子小的时候，如果孩子调皮跑来跑去撞到了桌椅，撞疼了哭了起来，他们就会一边打椅子，一边说着“都是椅子不好，我们打它。好了好了，宝贝不哭了”。这样的推卸责任的教育方式负面作用不小。好在如今现代教育方式越来越流行之后，这样的情况已经变得较少了。

孩子的人际关系也深受家长的影响。自从成为家长之后，我们的人际关系在工作圈和同学发小圈以外，也得到了很大的“拓展”。每一个家长都需要耕耘自己的家校圈和家长圈，而家长们如何在其中自处和自己孩子的人际关系也有关联。

家长等于回到小朋友的世界，又一次和孩子一起学习交朋友。

如果孩子进入新的学习环境，如何开始认识新的同学并拓展自己的朋友圈呢？或许可以从主动记住别人的名字开始；或许可以从有其他交集的同学开始，先交一个朋友，再结交更多的朋友。

如果认为自己被别人讨厌甚至针对了，应该怎么做呢？有些情况下不如先直接和对方确认想法，是我有什么事情冒犯你了吗？如果还是感觉被针对，就需要判断事情的轻重程度，选择尽量减少来往就行，或者先大事化小小事化了，又或

者和老师取得联系要求予以解决。比如,现在的社会环境越来越重视并致力于解决校园霸凌问题,学校、相应的教育部门,以及社会公开媒体都很重视这样的现象。对于较为严重的情况,家长和孩子要敢于站出来维护自己的权益,为自己正名,不让自己陷于越不敢发声、越遭受霸凌的弱者的负面循环之中。

日常学习生活中,遇到不开心的事情,如果没有很严重,家长不急着出面,而是协力会更好些。如果遇到别人粗鲁无礼的行为,鼓励孩子在确保环境安全的情况下,直截了当、平静但是坚定地表达:我不喜欢你这样做。如果环境并不安全,则第一时间离开之后,再告知家长或老师,对接下来的情况予以防范。

在一般的社交状态下,孩子抱怨的通常只是:我讨厌谁谁谁。如果孩子这样说,可以问问孩子具体讨厌对方什么?就像幼小的孩子甚至会说“讨厌爸爸”这样的话一样,孩子真实的意思可能只是认为爸爸陪自己太少了,或是把答应给自己的礼物忘了。

和孩子一起学习交朋友,孩子需要学习如何和老师、同学打交道,而家长与此同时也在学习和老师、同学的家长打交道,孩子也会参照家长的方式和建议进行社交活动。

陪伴孩子成长的过程就是一个共同完善自我的过程,如何面对失败,如何管理情绪,如何建立良好的人际关系,这些都是家长和孩子共同的必修课。

与孩子一起讨论失败

《最初的梦想》是一部2019年出品的印度电影，因为由大热影片《摔跤吧，爸爸》的原班团队打造，而很快受到极大的关注。相比于《摔跤吧，爸爸》更多地讨论成功，《最初的梦想》是一部讨论失败的影片。

帕塔克对他的儿子拉加夫寄予厚望，他和儿子的母亲都毕业于印度理工大学，这是世界上最好的大学之一，录取率超低，是拉加夫梦寐以求希望进入的高等学府。

但是拉加夫却考试失利了。他崩溃地大哭说道："我放弃了所有的东西，每天18个小时的学习，结果还是没能考进。"

在那一刻，他选择放弃自己，从高处纵身跳下。他没死，但受重伤了，需要接受一个成功希望渺茫的手术。医生告诉帕塔克：现在关键的问题是，孩子没有求生的意志。

帕塔克带着孩子的妈妈和一群好友，来到拉加夫的病床前，告诉他的孩子：你觉得自己是个失败者对吗？今天告诉你，爸爸作为失败者的故事，以及与他们一起度过美好时光的其他失败者的故事。

帕塔克虽然进入了印度理工大学，但是却没有料到被分

到了H4(第四宿舍楼)这样一个神奇的地方。这座大楼里聚集着学校里面最碌碌无为的、找不到工作的、性格缺陷的、无可救药的各式各样的学生,是名副其实的失败者联盟。

帕塔克的奇葩舍友有的脾气暴躁、尖酸刻薄,有的是酒鬼,有的什么事都只会找妈妈,有的则是体育特长生兼任失败者联盟的老大。

老大对他们说:我们在这里,都被贴上了失败者的标签。我知道,失败者的标签会深深地伤害你,但是还有更伤害人的事情:那就是我们从来没做过任何事去撕掉这个标签。

终于失败者联盟决定轰轰烈烈搞一件大事,他们的目标是:拿下学校运动会的总冠军。在此之前几十年,H4可从来没拿到过这个头衔。

他们损招尽出,不惜定下策略"如果没有实力就要耍小聪明",拼尽全力终于走到奖牌榜最后一役,赢下这一场似乎就可以逆风飞扬,赢得一切。

他们赢了吗?并没有。他们输在了最后一场。

拉加夫问帕塔克和他带来的伙伴们:尽管如此努力,你们还是输了?那你们肯定像认为自己要死了那样难受对吗?

所有当年H4的中年伙伴们都相视一笑回答:没有。

帕塔克说:因为从那天开始,我们已经不是失败者了。不管是胜利者,还是失败者,重要的是你尝试过。

在比赛结束的那一刻,甚至他们的对手都为他们鼓掌,表示尊敬。

故事的最后给出了中心思想:我们全神贯注地关注着胜败输赢,我们都忘记了怎么样过好人生,生活中最重要的东

西，就是生活本身。

故事中，帕塔克和拉加夫在事故发生之前，似乎从未讨论过失败。拉加夫的房间里面贴满了：我行！我可以！我会成功！梦想不会成真，除非你努力！

那么拉加夫努力了吗？就像他说的，一天学习18个小时，从不间断。拉加夫是完全没有学习方法吗？他的爸爸帕塔克毕业于印度理工大学，并且很重视对他的教育，因此拉加夫完全没有学习方法和指导也说不通。

但是有这些，就一定会成功吗？影片中，帕塔克对拉加夫说：你当然考得上，你学习那么用功，你的研究论文也写得不错。完全没有必要为此烦恼。帕塔克还给拉加夫准备了庆功的礼物：放榜的那天，我们一起庆祝，把这瓶酒喝光。

直到拉加夫一败涂地，放弃生命的时候，帕塔克忏悔：我们总是为他计划，成功以后怎么庆祝，但是万一他失败了呢？影片中他的H4伙伴们也被这句话触动了，纷纷给孩子打电话，有一位这样告诉自己的孩子："还记得我的承诺吗？如果你数学考了A+，我就送你一辆自行车。我只想告诉你，不管你成绩如何，B+，C-，都没关系。我还是会给你买那辆自行车，要享受生活，过好自己的人生。"

有很多家长看了影片会庆幸，幸好我们不是这样的家长，我们给孩子的是素质教育，始终保护他们有一个快乐的童年。这就好像如今有一种称谓叫作"佛系家长"，是指对孩子的成败，表示一切顺其自然，一切随缘，不强求，看淡孩子的功名成

就的家长。

“佛系家长”并不是说，作为家长可以直接做甩手掌柜，做一个放羊的忽视型家长。“佛系”仅仅是对结果的不强求，不代表不关心孩子的学习进程、学习兴趣和思维方式，更不代表不关心孩子的性格发展、行为表现和能力的开发。

我遇到过很多家长都自称“佛系”，他们坚决不让孩子刷题，也坚决地反对学前教育。但他们中有的家长，却在孩子一年级第一学期都没过完的时候，因为孩子整体学习水平排在班级后三分之一而情绪崩溃。当看到孩子的试卷等级和孩子失望的神情，有的家长直接就掉了眼泪，拉着老师哭诉了一番，然后立即购买了成套的名校名卷、一课一练，并且为了赶超进度，“鸡娃”“鸡”出了新高度。

当家长把孩子零起点送入学校的时候，应该预料到孩子可能会需要一些时间才能完全跟上，应该已经坚决地认定小学初期的学习成绩并不能决定孩子后期的学业水平。如果有这些预期，家长又怎会在小学第一学期就焦虑到心态失衡呢？

这样的家长不仅没有和孩子讨论过失败，甚至没有和自己讨论过失败。所谓的佛系，其实是一种“迷之自信”，相信自己的孩子即使零基础也可以轻松赶超其他同学。

如果无法真的做到平常心，不如适当地为孩子做一些学前准备；如果孩子已经表现出对学习缺少信心，短期来看必须刷题才能帮助建立信心的话，不如适当地给孩子刷点题，这些都只需要注意劳逸结合，不要拔苗助长影响孩子的身心健康就好。

然而更关键的是，无论家长是不是真的“佛系”，都需要和孩子讨论“失败”。

因为即使家长做了万全准备，孩子也尽可能付出了努力，我们依然不能保证成功，因为每件事的成功只属于少数人，所以经历失败才是人生的常态。

如果孩子充分地做了学前准备，就一定能保证入学之后名列前茅吗？如果孩子刷题刷到影响睡眠的地步，成绩却还是没有明显提高又该怎么办？如果孩子小学初期成绩优秀，但是在后期并没有懈怠的情况下，学习成绩却每况愈下又该怎么办？

这些情况每天都在发生，不仅发生在孩子的身上，也发生在我们成年人的身上。只要我们还在走向更高的台阶，我们就不可避免面对选择，面对淘汰，面对失败。

而我们很多家长真的和孩子讨论过失败吗？聊过失败后会怎么样呢？该何去何从，该如何调整目标，该怎样重新定位呢？

就像这位奉行素质教育，让孩子零基础入学，却忍受不了几张试卷的低评级的家长一样，很多家长都不如自己想象的乐观，却又从未和孩子讨论过失败。打击孩子自信的并不仅仅是短期的几张试卷的成绩，而是他们没有预期过失败的可能，也没有被事先沟通过，这几张试卷并不能够完全评价他们。当试卷的等级放在孩子面前的时候，学校环境带来的压力已经形成了，再多的安慰都显得苍白无力，更不要说家长在这一刻比孩子有更多的焦虑情绪。

就像前一章说的那样，很多家庭的最终教养目标，不仅仅

是把孩子培养成不怕失败的人,而且是希望孩子成为有幸福感的人。

我们尽最大的努力争取成功,也接受最坏的结果。家长和孩子,都能够接受自己只是一个普通人的事实,接纳自己的不完美,然后决定依然走在不断完善自己的道路上,做一个拼尽全力、不怕失败的普通人。

没有十全十美的孩子，也没有十全十美的家长

几乎每一位负责任的家长，都曾经或多或少有那么一刻会自我怀疑：我是不是一个足够好的家长？我为孩子做的每一个选择是否正确？孩子没能发展得更好，是不是因为我太没用了？

这个世界上没有十全十美的孩子，所以我们应该给孩子一些包容和耐心。这个世界上也同样没有十全十美的家长，而且并非看上去“十全十美”的家长，就会让孩子更放松，获得更幸福的人生。

有些家长自己并不出众，但是对孩子包容，无条件地爱孩子，尽全力地支持孩子，努力地高质量地陪伴孩子，他们培养出了非常成功的孩子——不怕失败、善良坚强、有自己的追求、乐观自信并且有幸福感的孩子。

同样也有一些为人出色、事业成功，可以提供孩子极好的成长环境的家长，培养出来的孩子却并不幸福快乐，甚至内心软弱。

家长不需要十全十美，但是可以做到的是给孩子无条件的爱。

所谓无条件的爱，是指家长们打心眼里接纳自己的孩子的全部，而不是指对孩子的行为无底线的放纵和溺爱。

就好比，有些孩子长得不好看，或许在学生时代还被恶劣的小孩子起了一些难听的绰号。此时，如果他们又没有感受到父母的爱，那么，其中有些孩子长大了会感觉到自卑，他们就算后来变漂亮了，也会内心深处始终住着一个卑微的自己，就好像自己不配被爱，需要用各种手段才能获得别人微弱的赞赏。

但另外一些孩子却不会有任何自卑感，“是啊，我不漂亮，但是对我父母来说，我是无价之宝，他们永远觉得我是最美好的”，他们觉得自己被爱是理所应当的，随着人生阅历的增加，会变得内心越来越强大。这样的孩子长大之后，无论是否具备外貌或其他方面的优势，都会有着深植于内心的自信和坚韧，这些会帮助他们获得成就，获得人生幸福感。

家长所能够给予孩子的无条件的爱包含了五笔巨大的财富，能够让孩子享受生活的美好，抵御生活的苦难。

让孩子具备自我价值感。孩子能够明白自己受到家人的重视，对家人来说自己是无可取代的珍宝。如此，当孩子长大了之后就绝对不会自轻自贱，懂得维护自己的权益，永远会相信自己值得被人们认真地对待。

让孩子具备自我认同感。孩子能够正确地看待自己并积极地看待世界。他们能够热爱生活，积极而又独立，发自内心地认为自己还不错，真诚勇敢地融入自己所处的环境。

让孩子具备自尊感。孩子不会被动辄打骂，不会被家人

嫌弃,不会被认定一无是处。他们总是能够被尊重地对待。如此,孩子长大以后才不会妄自菲薄、谨小慎微甚至自暴自弃。

让孩子具备责任感。孩子能够明白,他需要为自己、为家人、为社会承担相应的责任。承担这些责任让他成为更有价值的人。

让孩子具备归属感。我属于这个国家,我属于这座城市,我属于这所学校,我属于这个家。归属感能够给孩子深深的安全感,无论走到哪里,无论遇到什么,都有退路可循。

就像法国作家安托万·埃克苏佩里所著的《小王子》里面狐狸对小王子说的那样:如果你驯服了我,收养了我,那么我们就会相互依赖彼此了。对我来说,你将是这个世界上唯一的。对你来说,我也会是无法取代的……正因为你花在你的玫瑰上的时间,才令她变得如此重要。

家长和孩子之间,正是这样一种彼此驯服彼此归属的关系,而这样的亲子关系也是构建孩子内心的安全感的重要基石。

对孩子来说,几乎只有在家里才能获得无条件的接纳和爱。其他时候,孩子难免生活在别人的评判之下,而孩子会比成人更缺乏对这种评判的自我修复和抵御能力。

孩子从入学开始,几乎每天都在被比较,每天都会感受到这种比较的环境对自己所产生的影响。孩子从别人的眼中、言语中反复评价自己。并且因为这种评价而产生对自己的一种认定。错误的认定有可能改变孩子的一生,也会严重影响

孩子的幸福感。

有些孩子考上名校，成为别人眼中的天之骄子，却因为一点点学业挫折或感情受挫，就到了想不开的地步。这种承受不住失败的抗逆力缺失，只是因为从小顺风顺水没有经历过失败吗？

能够在教育体制中一路冲杀上来的孩子，当然很聪明，但成绩好并不代表他们真的拥有自我认同感。有些成绩好的孩子，恰恰因为从小开始，发现只有成绩好的时候才能够获得别人的认同，所以他们拼了命地一心只求成绩好。

这样的孩子，到了大学，步入了更复杂的社会环境之后；或是学业受挫了，发现自己甚至拼尽所有都难以顺利毕业的时候；或是感情上受挫了，发现自己不再是只需要考试考出好成绩就能获得爱的时候，他们的自我价值感可能就彻底崩塌了。

相比之下，有些孩子，在一般意义上来说，算是“样样拿不出手”，但面对学业、事业的挫折，他们会百折不挠；面对感情上的挫折，他们就是有一份底气在：你不爱我是你的损失，或是我们没有缘分，而不是我真的不够好。这样的抗逆力与他们从小获得的包容、接纳和无条件的爱，是分不开的。

有这样一句让所有家长听了动容的话：如果一个孩子不断感受到来自亲密的家长的否定与埋怨，当他受伤时，不会真的停止对家长的爱，但是他们会停止对自己的爱。

很多孩子青春期起产生的极端情绪，自我封闭，扛不住一点点失败，缺乏自我认同感等问题，或许都源自于更早的时

候，他们没有感受到理解和爱，于是后来他们放弃了自己。

没有十全十美的孩子，也没有十全十美的家长。家长必须要做的是给孩子的无条件的爱，这就像是在向孩子宣称：

我会给你设置目标，提出要求，制定行为的底线，并不断敦促你成为更优秀的人。但是无论你是成功，还是失败；无论你是出色，还是平庸——我都会永远爱你，永远陪伴你，永远与你共同面对生活中的所有美好或苦难。

图书在版编目(CIP)数据

把孩子培养成不怕失败的人 / 杨毅宏编著. —上海：上海教育出版社，2020.5
ISBN 978-7-5444-9745-9

Ⅰ. ①把… Ⅱ. ①杨… Ⅲ. ①儿童教育-家庭教育
Ⅳ. ①G78

中国版本图书馆 CIP 数据核字(2020)第 058602 号

责任编辑 叶 刚
封面设计 周剑峰

把孩子培养成不怕失败的人
杨毅宏 编著

出版发行 上海教育出版社有限公司
官 网 www.seph.com.cn
地 址 上海永福路 123 号
邮 编 200031
印 刷 上海展强印刷有限公司
开 本 710×1000 1/16 印张 14.125
字 数 150 千字
版 次 2020 年 5 月第 1 版
印 次 2020 年 5 月第 1 次印刷
书 号 ISBN 978-7-5444-9745-9/G·8044
定 价 38.00 元

如发现质量问题，读者可向本社调换 电话：021－64377165